新

全新插畫版

知っておきたい「食」の日本史

餐桌上的日本史

宮崎正勝 著

陳心慧——譯

第五章　江戶時代創造的飲食文化

第一章　從古代起就非常豐富的「飲食文化」

1　滿富自然恩惠的「當令」食材

日本列島屬於溫暖大地

「飲食文化」也可以反映時事。今日，隨著全球化的發展，冷鏈物流¹也大規模發展，將世界各地的各種食材帶進了每一個家庭的餐桌上。在大城市，很輕易地就可以嘗遍世界各地的美食。另外，日本各地也都擁有豐富的食材和料理體系，在某一層面上，日本可說是多元美食文化的寶庫。在日本不僅可以品嘗到日本傳統的食材和料理，更可以享受到來自世界各地的食材和料理，這真的是一件非常幸福的事。

日本四面環海，氣候濕潤，地形和植被的種類豐富。就算從世界的角度來看，日本列島的自然環境都非常具有特色。距今一萬年前，冰河時期結束，地球急速朝向溫暖化邁進，在這當中，歐亞大陸乾旱地帶（Dry land）的大河流域，孕育出了歐亞文明。由於自然環境的惡化，人類開始栽種耐乾燥的麥、小米以及稗等作物，這也是農耕社會的開始。

在這自然環境的變化當中，由於海平面上升，致使日本列島與大陸分離，不過日本仍然保持了固有濕潤的自然環境。雖然在日本列島上再也看不到大型草食性動物的棲息，針葉樹林面積縮小而闊葉樹林面積增加，但是，日本列島仍保持了不會

1　冷鏈物流指的是食品在生產、貯藏運輸、銷售，到消費前的各個環節中始終處於冷藏或冷凍的低溫環境下，以保證食品品質，並減少食品損耗。

受到乾旱困擾的自然環境。在世界文明歷史從乾旱地帶開始發展的同時，日本列島持續維持了溫暖大地的自然環境。

因此，生活在日本列島的人們從來沒有體驗過乾旱所帶來的危機。對日本人而言，所謂的「自然」，指的是穩定的四季循環。當世界以嚴酷的自然環境為動力，文明不斷發展的同時，日本列島以狩獵與採集維持生命的的繩文時代[2]則是持續了一萬年。

自然循環帶來了豐富的當令食材，這些食材成為了日本飲食文化的基礎。以前的歷史觀念會認為，以狩獵與採集所形成的社會比不上農耕社會。但事實上，兩種社會的性質不同，無法用同一個標準來判斷優劣。以狩獵與採集所形成的社會可以持續一萬年，代表了這段時間內的自然物產豐富，不虞匱乏。

共存的小文化圈與當令食材

查看地圖後可以知道日本列島是一個南北狹長型的島嶼，領土包括北緯二十五度的沖繩至北緯四十五度的北海道。而且，日本列島地形複雜，聳立的高山、急湍的河流以及複雜的海岸線將日本劃分成多個擁有各自獨特性的小文化圈。日本列島可說是聚集了多個小世界而成的綜合體。從各個小世界在料理上的不同就可窺一二，日本列島可以被視為是一個多文化社會。

從自然的角度可以將日本列島大致分為從九州至中部與關東等平地的櫟木林帶，以及從中部與關東的山岳地帶至北海道的日本山毛櫸林帶。前者的櫟木林帶之後傳進了栽種稻米的技術，平地到處都可以看到水稻田，成為了「瑞穗（意指飽滿的稻穗）之國」。後者的日本山毛櫸林帶，由於不見得所有的地帶都適合栽種稻米，因此長久以來都是以栽種稻米以外的其他農作物為主。人們同時也在沿岸或河川等地捕魚，並在山地狩獵野豬和鹿等動物。日本列島由於地形東西高低不同，形成了複雜的「飲食文化」。

關於繩文時代的食材，可以從居住地的遺跡以及貝塚的遺物中推測。貝塚除了

2 日本舊石器時代後期。西元前一萬四千年以前至西元前三百年前後的時期。

是當時人們在吃完後動植物後丟棄不要部份的廢棄場所之外，也是祈求動植物重生的場所。現在日本全國各地遺留有超過一千六百座以上繩文時代的貝塚。最大且最知名的貝塚是位於日本千葉縣的姥山貝塚，面積高達一萬三千平方公尺。

從貝塚的調查中發現了包括鰻魚、鼴鼠、老鼠、貉、狐等六十種動物性食材。被發現最多的是野豬和鹿，北海道則是蝦夷鹿。日本古語稱「肉」為「shishi」，日文的「鹿（shika）」，代表的就是「鹿（ka）肉（shishi）」。為了與野豬肉（inoshishi）作區別，鹿肉也被稱為「kanoshishi」。野豬肉（inoshishi）代表的則是「野豬（i）的（no）肉（shishi）」。日本愛奴族[3]傳說，神從上天灑下骨頭，而蝦夷鹿和鮭魚就是這些骨頭所繁殖的動物，與其他食材作了明確的區隔。

鹿的肉量豐富且軟嫩，容易消化。新鮮的鹿血經過乾燥後，被認為具有壯陽的效果。經常在田裡出沒的野豬，長久以來都是日本列島重要的蛋白質來源。就算是佛教興盛、人們避免吃肉的時代，脂肪豐富且有「山鯨魚」之稱的野豬還是受到民眾的青睞。順道一提，在繩文時代，一般人比起吃肉，更愛吃的是動物的內臟和骨髓，這些是人們補充鹽分以及礦物質的重要來源。另外，當時的人們還會食用包括雉雞、鴿子以及烏鴉等十種鳥類。

日本列島附近暖流與寒流交會，漁業也非常盛行。當時的人除了從事內灣性漁業與河川漁業之外，在仙台灣和北海道等地的外洋性漁業也非常盛行。因此，包括鯉魚、鯽魚、鮭魚、沙丁魚、鰹魚、鮪魚等四十多種的魚；田螺、蜆、海瓜子、文蛤、牡蠣、蠑螺等三百多種的貝類，以及蝦、蟹、海膽等都是當時的食材。文蛤是當時的人吃最多的貝類。在被發現的蠑螺殼上，可以看到許多的小洞，從中可以推測當時的人是以石器敲開後食用。受到東南亞海洋文化的影響，當時瀨戶內海沿岸的人會捕食章魚。另外，還會捕食河豚等具有毒性的魚。

至於植物，當時的人會吃鬼胡桃樹、栗子樹、椎木、枹櫟（櫟木）、日本七葉樹等樹的果實，以及桃子、五葉木通、胡椒木、楤木等樹的果肉。日本七葉樹的果實以及櫟實被當作是飢荒時的替代食物，因此就算在農耕化之後，人們還是會吃這兩種果實。就算到現在，有些地方還是會把這兩種果實製作成「麻糬」或「大福

3 居住在日本庫頁島、北海道、千島群島、勘察加的原住民。

4 日本的和菓子。以糯米製成的外皮內包進紅豆等內餡。

」[4]等享用。

青森的三內丸山遺跡中的聚落遺跡是從五千五百年前開始，總共持續了一千五百年。從遺跡中可以看出，當時的人選擇栽種栗子樹。栗子只要把皮剝掉就可以生吃，烘烤後更加美味，而經過乾燥後則更甜美。日本有一句「桃栗三年」的俗諺。正如這句俗諺的意思是事情所需付出的時間。栗子成長與結果的速度很快，比桃子容易栽種。就算到了奈良時代，被稱為國司的官僚都必須要巡視栗子樹，可見當時栗子被視為是非常珍貴的食材。

當時的人們是將日本七葉樹的果實以及櫟實，用石棒和石皿搗碎後吃其澱粉質。日本七葉樹的果實以及櫟實由於表面含有澀味物質，因此必須將果實乾燥後浸泡在水裡十天，剝皮後再浸泡二十天，最後再加入與果實等量的木灰，去除果實表面含有澀味物質的部份後才可以食用。澀味物質的成分為水溶性的丹寧，因此，只要泡水就可以去除。

九州南部和南邊的島嶼從繩文中期（五千至四千年前）起就以里芋為主食。里芋是芋頭的一種，起源於緬甸以及印度的阿薩姆一帶。雖然里芋屬於熱帶性的芋頭，但非常耐寒冷，不論是什麼樣的土質都可以栽種，因此里芋的栽種面積非常廣。由於母里芋旁邊會長出許多子里芋，所以被視為是象徵子孫繁榮的吉祥食物。為了討好兆頭，日本有些地方在元旦的時候只吃里芋。

圍爐[5]與鍋子的原始雛型

繩文時代的人會建造豎穴住居，各個聚落各自過著自給自足的生活。建造豎穴住居，首先必須從地面往下挖約一公尺，再用木頭搭建骨架，最後鋪上榧木葉即完成。豎穴住居的中央部份設有三十公分至一公尺的火爐，用來做為烹調、取暖以及照明的工具。當時的食物不「生吃」，基本上都是經過加熱後食用。

根據推測，繩文時代主要是以摩擦起火法生火。利用扁柏等容易起火的樹木所作的木板和木棒，經過摩擦起火後迅速將火移到枯草上面。豎穴住居的火爐被認為

5 設置在屋內地上的四方形火爐，主要用來取暖和烹調。

是圍爐的原始雛型，直到現在為止，在一些鄉村地區都還可以看到圍爐。

最古老的繩文土器是一種圓形底座的碗，出現在距今一萬二千年前。人們會用這種碗來燉煮日本七葉樹的果實和櫟實等，或是在去除食物澀味物質的時候使用。這種在烹調時會使用的土器也就是日本鍋子的原始雛型。

2 稻米文化的起源

《日本書紀[6]》中記載的「陸地」與「海」與「山」

史前時代的日本歷史，其特色為兩種不同性質的飲食文化互相交流的歷史。東日本是狩獵與採集的社會，至於西日本，由於不斷有農民從朝鮮半島移居到西日本，因此從西日本開始慢慢拓展成稻米社會。在狩獵與採集的社會當中，生活會受到自然環境的左右，就如同日本海幸彥與山幸彥的神話一般[7]，山與海的食材完全不相同。於此同時，農民慢慢移居到東日本的濕地。正如日本有「豐葦原之瑞穗國」的美稱一般，以栽種稻米為主的社會文化漸漸在日本列島扎根。

《日本書紀》當中有一段神話是關於一位專管「食」的保食神。神話的內容如下：

受天照大神之命，月夜見尊來到葦原中國見保食神。保食神面向「陸地」的方向，從口中吐出了「飯」，再面向「海」的方向，從口中吐出了「魚鰭大小不一的各種魚類」，最後面向「山」的方向，從口中吐出了「毛粗細不同的獸類」來款待月夜見尊。月夜見尊見狀，誤以為保食神竟敢給他吃從口中吐出的骯髒食物，一怒之下把保食神殺了之後回到了高天之原。

天照大神在聽到這件事之後，派了天熊人前往調查事情的原委。天熊人發現保

6 日本現存最早的正史。

7 日本的神話故事，內容是，以捕魚維生的「海幸彥」和以打獵維生的「山幸彥」兩兄弟。有一天，兩人互換維生工具，但弟弟「海幸彥」卻不小心將釣具掉進了海裡。受到哥哥的刁難，「海幸彥」只好入龍宮尋找釣具，最後他與海神之女結婚，並降伏了哥哥。

食神屍體的頭部竟然長出了牛和馬、額頭長出了小米、眉毛長出了蠶、眼睛長出了稗、腹部長出了稻，而陰部則長出了麥、大豆以及紅豆。天熊人將這些帶回去給天照大神之後，天照大神非常欣喜，將這些東西賜給了人民（蒼生）當作食物。

從這個神話當中可以看出，日本列島是以「陸地」為中心來栽種飯，也就是穀物。而在「海」可以捕到大小不同的魚，在「山」則可以狩獵到不同大小的獸類。可以想像出，當時的社會除了原有的漁撈和狩獵之外，農耕社會也已經形成。

從埃及、美索不達米亞等大乾燥地帶誕生的四大文明屬於沙漠當中的文明，雖然有許多的穀物，但沒有受惠於自然界其他多樣化的食材。相對於四大文明，日本列島一直維持狩獵與採集社會，創造出「海」與「山」的當令食材與稻米文化共存的社會。

登陸日本列島的水田耕作

西元前五世紀左右，距離朝鮮半島很近的北九州開始了稻作。佐賀縣菜畑遺跡以及福岡縣的板付遺跡都是最好的證明。稻作在之後一百年間，從瀨戶內海沿岸傳到近畿一帶，甚至經過濃尾平原傳播到了關東地區。除了從歐亞大陸有大規模的人口移居到日本之外，很難解釋為什麼稻作的傳播速度會這麼快。

然而，由於關東以東的地區狩獵與採集的文化扎根很深，因此稻作傳到關東地區之後，傳播的速度突然變慢。在沖繩，繩文時代也維持了很長的一段時間。稻作從西日本傳進沖繩，且金屬器具的普及要等到西元前四世紀至西元前三世紀的彌生時代。

由於移居到日本列島的人們出生地都不相同，這個時代有複數的文化圈同時共存。根據地區不同，使用的祭祀禮器也有所不同，從中可看出當時複數的文化圈同時共存。大致分為使用銅鐸（近畿地區為主）、平型銅劍（瀨戶內海中部為主）以及銅矛、銅戈（北九州北部為主）的三個文化圈。

銅鐸的起源是朝鮮半島的「鈴」，進到日本列島後加大成了銅鐸。銅劍、銅矛、銅戈同樣是從朝鮮半島傳進來的青銅製武器，加大後被當作是祭祀禮器使用。

就像這樣，當時大量製造青銅器，除了被當作是祭祀禮器之外，也是權力者墳墓的陪葬品。

佐賀縣的吉野里遺址，其規模相當於甲子園球場，是彌生後期最大的「環濠聚落」。聚落除了豎穴住居之外，還具備高床式倉庫[8]以及巨大的瞭望台。另外，雙重壕溝圍繞在聚落周圍，在內壕溝的內側，堆砌開掘壕溝時所挖的土成牆，並且搭建籬笆。

從這些嚴密的防禦措施當中可以看出，在彌生後期，各個聚落之間經常發生激烈戰爭。

從熱帶日本米到溫帶日本米

正如日本列島有「豐葦原之瑞穗國」的美稱一般，日本列島的主要穀物為稻米。要說日本文化是稻米的文化也不為過。然而，稻米傳進日本列島的時候，尚未有任何文獻記載，因此，到底哪些種類的稻米經由什麼路徑，什麼順序才到達日本？這一點到現在都還是謎。伊勢的稻降神社以及奄美大島傳說稻米是鶴叼來的，而在奧州[9]則認為稻米是有人偷偷從天竺（印度）或唐土（中國）夾帶回日本的。

關於稻米的傳播路徑，有多種不同的說法，包括從中國浙江省的河姆渡遺址直接傳進日本的說法，以及經由朝鮮半島再傳進日本等說法，但至今這些說法都尚未獲得證實。然而，考古學家在朝鮮半島西南部的欣岩里遺址和松菊里遺址發現了日本品種的炭化米，以及與北九州同一系統的石刀、石斧，這個發現備受矚目。當然，這些可能是當時擁有耕種技術的人移居當地所留下的遺跡，但考慮到當時的航海技術並不成熟，因此，稻米是經由朝鮮半島再傳入日本的這個說法似乎比較正確。

從距今四千年至五千年、屬於繩文後期的岡山縣總社市南溝手遺址，以及距今三千年前的北九州繩文末期遺址中可以清楚看出，日本品種的米當初是栽種在濕地或是火耕地的熱帶日本米。

8　架高的倉庫。
9　大約是現在的岩手縣。

現在的人吃的是水稻田栽種的溫帶日本米，但最古老的水稻田遺址是距今約二千五百年，位於佐賀縣唐津市的菜畑遺址。由於水稻栽種非常困難，因此用水稻種出的稻米非常珍貴，通常都被用來當作是貢品，之後水稻才慢慢開始普及。水稻耕作慢慢向北傳，距今二千年前傳到了青森縣。位於青森縣田舍館村的垂柳遺址可以證明水稻耕作的北移。

3　粥、紅豆飯與壽司

汁粥與固粥

到了彌生時代，人們在稻米收割後會放到儲藏穴儲藏，之後再放到高床式的倉庫保存。在佐賀縣的吉野里遺址屬於彌生時代後期，在當中發現了面積大約二十八平方公里的大型高床式倉庫。當時的人用臼和杵將稻米脫殼，煮成類似粥之後食用。之後，人們開始調整烹煮的水量，烹調手法也分為水份較多的「汁粥」，以及水份較少的「固粥」。現在的「飯」屬於後者，而前者則是現在的「粥」。

順道一提，現在煮飯使用的蒸煮法要等到平安時代才確立，而到了室町時代米飯才普及為一般人平常會吃的食物。

小米和稗等雜穀比稻米更早傳播到日本列島。庶民幾乎無法吃到栽種非常費工的稻米，平日都是吃一種名為「糅飯」的食物。「糅飯」是將稗和小米等混合山菜或菜葉而成。

當初普遍將稻米烹調成「粥」的原因主要是受到小米的影響。小米在稻米之前就從黃河流域等乾燥地帶傳播至日本列島，其顆粒非常小。因為寒冷或恐懼導致毛孔收縮起雞皮疙瘩，這在日文被稱為「皮膚起小米」，這是由於肌膚起的小疙瘩與又硬又小的小米非常相近。而小米除了煮成「粥」之外沒有別的食用法，所以米也受到小米的影響，一開始都是烹煮成粥。

從「粥」完美變身成「飯」

彌生時代的稻米主要是加水以後用土器煮成「粥」或「稀飯」後食用。最常見的是加了雜草或雜穀的粥（稻米加多量的水後將米烹煮到軟爛，也就是現在的稀飯）。

現在日本每逢一月七日，會吃「七草粥」來祈求無病息災。七草粥裡加了水芹、薺菜等「春天七草」，被認為是受到彌生時代的影響。除了日本以外，中國、朝鮮、泰國以及印尼等地也都有吃粥的習慣，就算到現在，在中國、韓國還是可以看到粥的專賣店，飯店早餐也會看到加了肉或海鮮等各種不同口味的粥。

蒸米需要一個名為「甑（現在的蒸籠）」的道具。但「甑」要等到古墳時代才流傳到日本列島。中國後漢、晉的時代，遊牧民族占據了黃河中游（五胡亂華），大量的難民移居日本列島，而「甑」被認為就是那個時候傳進日本的。從日本列島的角度而言，四世紀東亞民族遷徙的波動為日本帶來了烹調米飯的新方法。

蒸過的米在當時被稱為「飯」，當時人吃的主要是被稱為紅米的「糯米」，而

｜七草粥｜

每逢一月七日，日本人會吃「七草粥」來祈求無病息災。粥裡會加入水芹、薺菜、鼠麴草、繁縷、寶蓋草、蕪菁和蘿蔔七種「春天之草」。

當時的「飯」則相當於現在的「米糕」。到現在，遇到特別的日子，日本人還是會用糯米加紅豆煮成紅豆飯，可說是受到當時的人主要吃蒸紅米的影響。

到了平安時代末期，我們現在一般吃的「飯」才取代了「粥」和「米糕」。「飯」能夠普及，黏稠度低且米粒柔軟的「粳米」栽種技術進步，以及鐵製釜的出現是不可或缺的因素。

炊飯必須經過(1)煮、(2)蒸、(3)燒，三個階段。最後「燒」的階段必須使用高溫，而以前的土器無法承受，所以必須使用鐵製的釜。

由於「飯」比以前的「粥（汁粥）」硬，因此被稱為「固粥」。與以前被稱作飯的米糕相比，米粒比較軟，所以又被稱為「姫飯」。到了鎌倉時代之後的室町時代，日本全國都有栽種稻米，也是從這個時候開始，民間也開始普及吃「飯」。我們現在一般吃的「飯」則是距今五百年至六百年前才開始普及。

從江戶時代開始，稻米的重要性愈來愈高，也成為了計算財力的單位。大名[10]的官位就是以「石高」表示，例如「加賀百萬石」就是一種封位。官位百萬石的大名到底有多少財力呢？一個人一年平均的米消費量約為一石，也就是說，一百萬石代表擁有可以養活一百萬人的財力。

紅豆飯與麻糬的起源

現在只要遇到喜事，日本人就會吃摻有紅豆的紅豆飯。但有趣的是，以前在京都是遇到不幸的時候，為了驅除惡靈才會吃紅豆飯；有喜事的時候吃的是白色的米糕。直到江戶時代，在遇到喜事的時候會在飯裡摻紅豆煮成紅豆飯的習俗才漸漸形成。在韓國也有同樣的習俗，在遇到好事的時候會煮加了紅豆和糯米的米糕來吃。

順道一提，紅豆雖然是原產於印度的作物，但日本從彌生時代初期便開始栽種。紅豆也是從靜岡縣登呂遺址出土的唯一豆類。古代人覺得紅豆的紅色有一股特別的力量，甚至傳說，如果被蛇咬，只要將生的紅豆嚼碎後塗在患部就可以解毒。紅豆不可思議的力量成為了避邪最好的東西，紅豆還被認為可以增加生命力，所以

10 由幕府任命的領主。掌握某一土地的軍事與經濟權。

人們才會把紅豆和糯米一起煮來吃。

當時的稻米幾乎都是糯米。據說，古代人外出打獵的時候會攜帶蒸熟的糯米當作糧食，這就是古代人的便當。因為古代人會「持」這些蒸熟的糯米外出，因此在日文又被稱作「持飯（mochiii）」。如果去掉飯字，在前面加上日文敬語的「o」，就變成了「omochi」，也就是麻糬的意思。

日文的麻糬漢字寫作「餅」。「餅」在中文指的是用麵粉揉出的麵團經過蒸或油煎過後的食品，由於麻糬的口感跟餅很相近，所以日文用了「餅」這個字來代表麻糬。麻糬原本在別的國家看不到，是日本特有的食品。

米製的保久食品——壽司

在所有代表日本的料理當中，壽司的種類最多。壽司的日文含有「酸味」的意思，最早的壽司不加「飯」，而是將魚、肉等用鹽醃過之後再施加壓力，經過發酵熟成後會產生自然的酸味。主要的目的在於長久保存魚肉。

平安時代中期的法律《延喜式[11]》（西元九二七年）當中規定，各地方必須將壽司當作是稅，繳納給中央。因此，全國各地包括伊勢的鯛魚壽司、近江與筑紫的鯽魚壽司、若狹的鮑魚壽司以及讚岐的鯖魚壽司等都是獻給朝廷的貢品。當時這些壽司都是屬於「熟壽司」，是將魚或肉浸在鹽與蒸熟的米飯之間醃漬，經由乳酸菌發酵之後，魚和肉會變白且帶有酸味。這些壽司的主要目的都是在長期保存魚和肉，所以不吃用來醃漬的米飯，只吃魚和肉。

現存的近江鯽魚壽司，其作法非常簡單。首先花費數十天的時間用鹽醃鯽魚，在去除多餘的鹽分之後，將米飯與鯽魚層層堆疊在木桶裡，完成後放置一至二年即可。古代的交通不發達，為了將生鮮食材運送到遠方，就必須像這樣，下工夫長期保存食材。

到了室町時代末期，吃壽司的方法開始出現了變化。以前因為用來醃漬熟壽司的米飯在經過發酵後會變得黏稠，所以大家不吃壽司的米飯。但只要縮短發酵的時

11 平安時代的律令條文。當中對官制和禮儀有詳細的規定。

間，在米飯帶有一點酸味的時候就取出，如此一來，米飯就可以和魚和貝類等一起食用。

就像這樣，這種帶有酸味，而且米飯和魚、貝類可以一起食用的新型態壽司，在日本稱為「生成壽司」，更正確應該是寫成「生熟壽司」。現在一般吃的壽司被稱「早壽司」，與「生熟壽司」系出同門，也是調整早期「熟壽司」的烹調法而來的壽司。

順道一提，壽司的日文漢字為「鮨」，在中文原本指的是魚內臟的醃漬物，而壽司則是用「鮓」字代表。但在日本，「鮨」與「鮓」兩字混用，不知道從什麼時候開始，原本應該是魚內臟醃漬物的「鮨」成了代表壽司的日文漢字。

4 以前非常珍貴的鹽

藻鹽的出現

在狩獵與採集的時代，人們吃了很多的肉類與魚類。由於肉類與魚類的內臟當中囤積有氯化鈉，所以不需要另外攝取鹽。然而，當人們改吃大量的穀物之後，穀物和蔬菜當中含有的鈣質會將鈉排出體外，因此必須要攝取鹽。漸漸地，人們愛吃動物和魚內臟的習慣已不復見，而只喜歡肉的部份，這與人們另外攝取鹽有很大的關係。

順道一提，成人每年必須的鹽攝取量在五公斤到七公斤之間。在無法大量生產鹽的時代，鹽是非常貴重的東西。人們會把鹽當作是獻給神明的供品，或是將鹽和芝麻灑在供奉給神明的紅豆飯上，因此衍生出了在討神明歡喜的時候要供奉鹽的習俗。

日本列島缺乏岩鹽，基本上都是依靠海水製鹽。在繩文時代，人們會把海水裝進土器之後熬煮來取得鹽。但這個方法能夠獲得的鹽非常微量。等到彌生時代，人們使用的是一種既薄又大且容易乾燥的藻鹽草，利用一種名為「藻鹽燒」的方式取得鹽。海藻當中含有豐富的鹽份，只要將海藻燒過之後加水，再經過熬煮後所製造出來的就是「藻鹽」。

也就是說，彌生時代的人是燃燒海藻成灰，再加水熬煮，水份蒸發結晶成鹽的方式製鹽。在宮崎縣鹽竈市的鹽竈神社中供奉了伊奘諾尊之子鹽土老翁，據說就是鹽土老翁推廣了製鹽的方式。每年在鹽竈神社都會舉辦藻鹽燒的祭典。「藻鹽燒」首先是將海藻浸泡海水之後曬乾，之後將海藻放進木桶，不斷用海水清洗海藻，製造出鹽份高的鹽水。最後再用土器煮沸後取鹽。

鹽的製造方式到了平安時代就演變成了鹽田法。鹽田法是利用海水灌進位鹽田的砂地中，經過日曬蒸發海水後，人們再用木桶收集這些砂子，用海水清洗後得到鹽份高的鹹水，過濾之後再用釜熬煮之後就可以取得鹽。

對日本歷史有重大影響的「鹽之路」

自從鹽的攝取變得不可或缺之後，生活在內陸的人就必須要買鹽。鹽所帶來的巨大商機，自然而然地從海岸向內陸的山間部份開拓出了「鹽之路」。

日本列島由於地形複雜，區隔出許多不同的小世界。為了從海岸搬運鹽到內陸，開拓出多條利用河川或馬及人力搬運的「鹽之路」。運送日常必需品的「鹽之路」同時也成為了文化交流的通道，打破了多數小世界的孤立性，內陸的集落因為「鹽之路」與海有了交集。大和王朝能夠實現集權統治的原因除了瀨戶內海等海路打通之外，「鹽之路」也扮演了很重要的角色。

「鹽之路」最著名的是從日本海沿岸新潟的系魚川至長野鹽尻的北鹽路線，以及從太平洋沿岸靜岡的掛川至鹽尻的南鹽路線。鹽尻這個地名具有鹽之路終點站的意思。

關於鹽，最有名的軼事是日本戰國時代時，越後的上杉謙信送鹽給甲斐的武田信玄。當時，駿河的今川氏貞與相模的北條氏聯手，禁止將鹽運送到甲斐和信濃，希望藉此削弱武田信玄的戰力。此時，在越後擁有龐大戰力的上杉謙信認為斬斷人們賴以維生的鹽是非常小人的行為，因此反倒將鹽送給位於日本海一側的敵手武田信玄。代表雪中送炭的日本俗語「送鹽給敵手」就是源自於這一段故事。

5　心太、鮭魚與香魚

日本夏天固有的食材——心太

四面環海的日本列島，受到大自然的恩惠，擁有海草這項特殊的食材。心太是一種以名為石菜花的海草所製作的涼粉，是日本固有的消暑食品，從古時候起就深受大家的喜愛，最近被當作是減肥食品獲得青睞。

心太在日文的發音是「tokoroten」，但其實正確的念法應該是「tokorohuto」，但因為誤讀，在以訛傳訛的情況下變成了「tokorote」，慢慢又演變成了「tokoroten」。另外，心太的原料是石菜花，日文的發音為「tengusa」，被認為是「tokorotengusa」的簡稱。心太的另一個日本名為「kogoromo」，這是由於海草經過熬煮後會凝固（nikogoru），因為發音類似而得名。

奈良時代最具代表性的盛事就是聖武天皇（西元七二四年至七四九年在位）在奈良建造了大佛，且在各諸侯國創建了國分寺。當時是希望借大佛的力量來鎮壓天花的流行。

聖武天皇下令各諸侯國的國分寺抄寫經文，當時有很多學生都參與抄經。學者已經證實當時發給抄寫《正倉院文書》[12]學生吃的食品就是「心太」。由此可見，心太是一個歷史非常悠久的食品。

關於心太的原料石菜花，《延喜式》上有記載：「上總（現在的千葉縣）和阿波（現在的德島縣）進貢凝海藻（石菜花的日本古稱）」。由此可見，石菜花在以

12 日本奈良東大寺正倉院保管的各種古書。

| 心太 |

一種以名為石菜花的海草所製作的涼粉，是日本固有的消暑食品。

前是非常珍貴的食材。順道一提，一直要等到江戶時代的天明年間（西元一七八一年至一七八九年）才有人將石菜花乾燥後製成寒天販賣。

彌生人的香魚與繩文人的鮭魚

香魚獨特的香氣和淡雅的風味，自古以來就深受人們喜愛。由於香魚吃的是海裡的矽藻，所以具有獨特的香氣，因而得名「香魚」。另外，由於香魚產卵後就會死亡，所以又被稱為「年魚」。古時候大多是將香魚用鹽醃漬後保存。

移居到日本列島的彌生人把香魚當作是重要的蛋白質來源，不論是在北九州或是大和盆地，香魚都被視為是非常珍貴的食材。也正因如此，香魚也被稱為是日本的「國栖魚」。

山地多的日本列島可說是河川的列島，因此，人們的生活與香魚密不可分。不同地區有不同的吃法，例如用竹籤將香魚串起來之後利用圍爐內側的火烘乾、用鹽水將香魚燉煮收乾、用鹽和飯醃漬壽司香魚，以及日文稱作「uruka」的鹽漬香魚內臟等，烹調手法非常多元。

從古藤原京[13]出土的木簡[14]當中也可以看到關於香魚的記載。從中可以看出，當時香魚的產地都有進貢香魚的史實。

各諸侯國進貢的熟壽司當中，也是香魚壽司最具代表性。據說從奈良時代就開始捕撈香魚。夏天用的是名為「鵜飼」的方式捕魚。人們會養一種名為鸕鷀[15]的鳥類，等到夏天的夜晚，鵜匠會生火照亮河川，讓鸕鷀捕香魚。到了冬天則是利用「網代」的方式捕魚。用竹子或木頭編織類似網子的陷阱設在河川的淺灘，在陷阱的兩邊裝上簍子捕魚。

香魚的日文漢字寫作「鮎」，這個字的起源據說是神功皇后征討三韓[16]的時

13 位於現在的奈良縣。是日本史上最初最大的都城。持統天皇（西元六四五年至七〇三年）遷都於此。
14 上面寫有文字的木板。
15 日文稱作海鵜。
16 指的是仲哀天皇（西元一九二年至二〇〇年在位）的皇后出兵新羅的史事。收服新羅之後，百濟、高句麗也相繼臣服。

｜鸕鶿捕魚｜

一種傳統的捕魚方法。人們會養一種名為鸕鶿的鳥類，在夏天的夜晚，由鵜匠乘船並生火照亮河川，讓鸕鶿潛入水中捕捉香魚。

候，在肥前松浦的玉島釣香魚來占卜戰爭的勝敗，因此用「鮎」這個字來代表香魚。在中國「鮎」指的是鯰魚，而日本也必須要有一個漢字來代表鯰魚，在「鮎」已經用來代表香魚的情況下，創造出了「鯰」這個日本特有的漢字。

對東日本的繩文人而言，容易捕獲的鮭魚是蛋白質的重要來源。愛奴族文化認為蝦夷鹿和鮭魚是由天神灑下的骨頭所繁殖，具有特別的地位。

太平洋沿岸受到黑潮的影響，鮭魚的南界為到銚子為止的利根川水系，而日本海沿岸則是到北九州為止都有鮭魚分布。順道一提，日本古代有將以海產為主的當令食材當作「貢品」獻給朝廷的禮俗，而被稱為海人族的安曇連就是掌管這些海產貢品的主要族群。

鮭魚基本上都是經過鹽醃漬之後才獻給朝廷，主要是從信濃、若狹、越前、越後、丹波、丹後以及但馬等離首都近的日本沿海地區進貢。到江戶時代為止，尤其是信濃川水系以大量鮭魚和鱒魚逆流而上聞名。北阿爾卑斯的山腳下有一個名為安曇野（松本盆地的別稱）的地方，正是因為當地與從事捕魚的安曇家有很深的淵源，因而得名。

鮭魚的日文（sake）由來有兩種說法。一種是來自愛奴族語代表「夏天的食物」的「shakenbe（sak- ipe）」。另一說法則是鮭魚全身紅通通，像喝醉酒一般，而取酒（sakake）諧音漸漸演變成「sake」。順道一提，漢字的「鮭」，在日本原本的唸法應該是「fugu」。

第二章　從亞洲大陸傳來的「飲食文化」

1　遣唐使與「飲食文化」

東亞世界的動盪

從四世紀到七世紀，在中國，被稱為「五胡」的五個遊牧民族占據黃河流域，戰亂之後進入了隋唐時代，這段時間屬於東亞動盪不安的時期。

第一階段是從四世紀開始。西晉八王之亂之後，原本擔任「胡騎」、總稱「五胡」的遊牧民族，興兵占據了屬於古代中國中心地帶的黃河中游，開始五胡十六國的時代（西元三一六年至四三九年）。

混戰之中，漢族的生活愈來愈艱辛，於是大批的漢族移居江南和朝鮮半島一帶，這對日本列島也造成了衝擊。新的農業技術、生活模式以及騎馬技術等隨著移民流入日本列島。尤其是養馬和騎馬技術的流傳促使各地望族的勢力重新整合，更對大和王權的形成產生了影響。

中國在四二〇年進入南北朝時代，北朝以遊牧民族為中心，而南朝則是以稻作為中心。到了六世紀，隋朝統一中國，大運河所分割的兩個異質世界再度被統合。隋朝三度遠征高句麗，朝鮮半島因此進入了動盪不安的時代。此一東亞大帝國的成立，不僅影響了朝鮮半島，更影響了日本列島。

這個時代，伴隨遊牧民族興起，在傳入遊牧民族的生活習慣的同時，也將西方的佛教傳進了東亞世界。在日本古墳時代，這些擁有新文化的人們移居到日本列島，到了六世紀中，佛教經由朝鮮半島傳進了日本。這讓日本包括「飲食文化」在內的所有文化都產生了變化。受到佛教影響，日本朝廷頒布了禁止殺生、吃肉的法令。

七世紀初，大唐帝國誕生，與新羅聯手進軍朝鮮半島，日本的大和王權也被牽扯其中。在高句麗和百濟相繼滅亡之後，大和王權接納了從百濟逃來的難民。百濟的高層之中有人將調味料之一的「醬」，這個飲食文化帶入了日本，結合傳統與外部飲食文化的雙重飲食文化構造就此誕生。從此之後，飲食文化經過長時間不斷地重組與變化。

佛教的傳入讓日本列島肉食文化的發展大幅倒退。天武天皇（西元六七三年至八六年）下詔禁止殺生，嚴禁食用牛、馬、猴子以及雞等肉類。之後，歷代天皇也繼續頒布「禁肉令」。在中國，佛教的殺生戒針對的是僧侶和信徒，對一般人民並沒有影響。但在日本，就連庶民都被強迫不能殺生吃肉，這點是與中國最不相同的地方。

在此一時代背景當中，日本利用奧州的砂金為資金，開始派遣唐使到中國，有組織地移植中國文化到日本，許多新的食材與料理就在這個時候傳入了日本。從唐朝傳進的飲食文化，融入了當時日本貴族的飲食當中，與庶民傳統的飲食文化之間，漸漸地產生了隔閡。

遣唐使帶來的唐朝文化與宮廷飲食文化之變化

派遣唐使到中國，這在日本古代是一大盛事，日本企圖有組織且有系統地移植唐朝文化。在唐朝剛建國沒多久的西元六三〇年，日本便派了第一批的遣唐使到中國。到西元八九四年廢除遣唐使制度之前的二六四年間，遣唐使團到唐朝的次數高達十九次。順道一提，在《日本書紀》的記載當中，遣唐使被稱作「西海使」。

遣唐使團初期的規模約二百四十五人，但後期的一百一十年間，遣唐使團的規模到達了五百人左右。不過，當中有超過一半的人主要是從事開船或修船的工作，真正的知識份子約三十至四十四人，最多也不會超過五十至六十人。

遣唐使團的成員除了大使、副使等外交使節，以及負責開船或修船的人員、口譯、陰陽師[1]、醫師、畫師、樂師、音樂學生之外，還包括學問僧、學生及他們的隨從等。

1 占卜師。

遣唐使團進到唐朝之後，首先會獻上國書和貢品，而唐也會交付答信物，並回贈物資給遣唐使一行人，這可說是一種官營貿易。唐朝回贈遣唐使一行的物資主要是絲織物和香料。遣唐使的隨從當中，有許多人觸犯唐朝的法律，到處搜購唐朝的物品，但這些基本上都不是食品，而是帶回日本可以賣得高價的物品。學問僧和學生留學唐朝的時間很短，除了阿倍仲麻呂[2]等少數例外，留學的時間一般為一至二年，超過五年的人非常少。

因此，只有極少數的食材和烹調法被帶回日本。遣唐使團大多數的人都是住在長安。長安是唐朝的首都，也是波斯人和突厥人聚集的國際都市。遣唐使在體驗都市生活之後，將充滿現代感的唐朝飲食文化氛圍帶回日本宮廷，這也造成宮廷與庶民之間在飲食文化方面產生了隔閡。

從正倉院[3]收藏的銀器、玻璃器具、刻花玻璃碗、波斯風格的漆胡瓶，以及唐三彩的器具等可以得知，日本多方面引進了唐朝的飲食文化。當時也已經開始使用金屬製的筷子和湯匙。

2 筷子的傳入

從聖德太子[4]時代就開始使用筷子

中國古代是將筷子與湯匙一起使用。朝鮮半島到了新羅時期也開始使用青銅製的筷子與湯匙。就像韓文當中有「匙筷」這個詞彙一般，就算到現在，韓國人還是會將筷子與湯匙一起使用。順道一提，用湯匙吃飯、筷子夾菜，是韓國的用餐禮節。

受此影響，禮俗上，韓國人吃飯的時候不可以用手捧金屬製的碗，必須用湯匙舀飯來吃。古代中國的主食是小米粥，湯匙是當時主要的餐具。越南長期受到中國

2 奈良時代的遣唐留學生之一。參加唐朝科舉考試，高中進士，之後留在唐朝擔任要職。
3 建造於奈良時代，是用來收藏寶物的倉庫。
4 日本飛鳥時代的政治家。

統治，因此受到中國的影響，越南人也是用筷子夾菜、用湯匙吃飯。

根據三世紀的《魏志倭人傳[5]》記載，倭人是用手吃東西，代表邪馬台國卑彌呼時期[6]的日本並沒有使用筷子，要等到七世紀初，大約是聖德太子的時候，才開始使用筷子。

平安時代，宮廷內會在筷架上放銀製的筷子和湯匙以及竹柳製的筷子和湯匙。吃飯的時候用的是竹柳製的筷子，吃其他東西的時候則是用銀製的筷子。原本是因為筷子和湯匙的組合比較時尚，所以才在筷子旁邊放上湯匙，但由於用湯匙吃飯很不方便，因此才會使用兩種不同的筷子。漸漸地，在日本的餐桌上看不到湯匙的身影，而筷子成了萬能的餐具，發揮很大的功能。

平安時代的散文《枕草子》中描繪隔著屏風聆聽貴族用餐的情形，當中寫道：「聽見筷子和湯匙混雜作響」。從中可以看出，平安時期的貴族仍然使用筷子和湯匙用餐。從「混雜作響」的記述當中則可以看出當時的筷子和湯匙為金屬製。

到了室町時代，筷子根據用途分為許多不同的種類。在烹調時使用的筷子可以分為烹調海鮮的真魚筷和烹調植物性食材的菜筷。另外還有為客人分菜的公筷以及用餐時使用的御膳筷等。這也確立了日本僅以筷子當作食具的飲食文化。日本料理使用許多生的食材，且日本人比較喜歡細膩的文化，這些特點都為筷子帶來了多樣化的發展。

在中國，由於會使用筷子從大盤子裡分菜，因此筷子都比較長且從頭到尾都是同樣的粗細。但是在日本，由於是以魚為主要食材，所以會把筷子的前端削尖，而不是維持從頭到尾粗細相同。這種形狀的筷子是日本特有的食具，適合用在需要用筷子「切斷」的料理。

筷子文化的起源

黃河文明的主食是小米，主要都是烹煮成熱騰騰的粥食用，而湯匙是不可或缺的食具。由於不可能用手吃熱騰騰的小米粥，這也是造就黃河文明主要食具為湯匙

5 由西晉的陳壽所著。這是現存中國對日本最早的紀錄。「倭人」指的就是日本人。
6 「邪馬台國」是二世紀末日本勢力最大的國家。「卑彌呼」是邪馬台國的女王。

的主要原因。

可以磨成粉當成麵條原料的小麥是在漢朝（西元前二〇二至西元後二二〇年）才從西方世界傳到中國。從殷（西元前二千年前半至西元前十一世紀）、周、春秋戰國到秦朝為止，主食都是小米和稗，盛行吃熱騰騰的粥。

筷子是一種萬能的食具，只要巧妙利用兩根長棍，固定其中一根長棍，再靈活操作另一根，就可以自由夾取食物。筷子最大的優點在於因為其使用方式非常單純，所以有多種不同的用法。筷子的文化傳到朝鮮、日本以及越南等地，是東亞文明圈共通的食具。筷子文化圈可說是等同於中華文化圈與東亞文明圈。

傳說在西元前十一世紀，殷朝的紂王用象牙打造筷子。從此可以看出，中國早在距今三千年前，也就是孔子（西元前五五一年左右至西元前四七九年）在世的時代，就已經開始使用筷子。不過，筷子並不是從日常生活飲食開始普及，而是透過宗教儀式才漸漸普及。

殷朝因為製造了許多種類的青銅器而聞名，但大部分都是祭器。特別花大錢打造以器具標準而言並不是很好使用的金屬長棍，主要是為了怕弄髒獻給神明的祭品，因此才會打造筷子，用來夾取祭品。從這個角度，筷子在以前其實是擁有濃厚宗教色彩且非常神聖的器具。

春秋時代齊國有名的宰相管仲（？至西元前六四五年）所著的《管子》當中記載，飯是用手捧著吃，「羹」則不是用手捧著，而是用筷子或湯匙舀來吃，可見筷子在當時屬於輔助性質的食具。

在進入漢朝之後，王公貴族之間普遍使用筷子。例如《史記》當中就記載，漢朝軍師張良（？至西元前一六八年）向正在吃飯的漢高祖（劉邦、西元前二〇二年至西元前一九五年在位）借筷子來說明天下的情勢。另外，在長沙馬王堆漢墓[7]當中挖出上了朱漆、設計非常精美的筷子。

順道一提，中國與日本相同，根據禮儀，吃完飯之後會把筷子橫放在碗上。但在騎馬遊牧民族進到中國之後，由於他們將刀叉直放在碗上，受此影響，宋朝（西元九六〇年至一二七九年）之後，中國人也開始將筷子直放在碗上。明朝開國皇帝

7 位於湖南省長沙市，為西漢長沙國丞相利蒼，以及妻子兒小共三人的墳墓。

洪武帝（西元一三六八年至九八年在位）非常討厭將筷子橫放，從此之後，將筷子直放的飲食禮儀便慢慢定形。關於筷子的放法，中國與日本橫縱方向不同。順道一提，越南的放法與中國相同。

3　醍醐味是遊牧民族的味道

從唐朝傳入卻被遺忘的奶油和乳酪

自從佛教在日本扎根之後，日本朝廷下詔禁止吃肉，蛋白質的取得成了很大的問題。在這當中，從唐朝傳進了「酥」、「酪（樂）」以及「醍醐」等乳製品。從來沒人吃過的乳製品在日本宮廷中，被視為是非常時尚的食品，貴族紛紛仿效，一時之間蔚為風潮。在佛教傳入而禁止吃肉的律令下，乳製品擔任了提供蛋白質來源的重要任務。

從中文會使用「醍醐味」來形容「美味無比的食物」中可以看出，承載唐朝當時社會氛圍的乳製品，受到非常大的好評。

相當於日本古墳時代的魏晉南北朝，隨著遊牧民族進到黃河流域，遊牧民族的文化與西亞的文化在中國廣為流傳。吃羊肉以及喝羊奶、牛奶的習慣也在一時之間傳播開來。到了隋唐也繼續維持這個習慣。當時，佛教雖然普及於中國、朝鮮半島以及日本列島，但吃肉和乳製品等遊牧民族的飲食文化卻沒有順勢進入日本列島。

日本貴族真誠信仰遠道而來的佛教，因此非常忌諱吃動物的肉。例如，在西元六七五年朝廷頒布的殺生禁令當中就明文規定：「禁吃牛、馬、狗、猴、雞的肉」。之後，歷代天皇持續頒布殺生禁令以及肉食禁止令嚴禁殺生。

如此一來，日本貴族就只好倚靠其他蛋白質來源。

在這樣的情況之下，遣唐使從唐朝帶回來的乳製品成為了非常珍貴的食物。乳製品在當時還被視為是壯陽的食物，在日本貴族之間廣為流行。

西元六四〇年代從唐朝傳進了喝牛奶的習慣。根據八世紀初編纂的《大寶令》[8]

記載，宮中設有乳牛院。乳牛院製造出被稱為「酥」的食品，而貴族把「酥」當作藥服用。根據西元九〇〇年代中旬編纂的《延喜式》記載，朝廷命令各諸侯國設乳戶，並將擠出的牛乳製成「酥」，在十一月前獻給朝廷。從「熬煮一斗的牛乳可得一升的酥」的記載當中可以得知，「酥」是牛乳的十分之一濃縮。

「酥」是牛乳經過濃縮之後所製成類似煉乳的東西，而酥的脂肪部分的集合物稱為「酪」，是一種類似奶油的東西。另外，從「酪」當中還可以取得「醍醐」，是一種類似乳酪的東西。「醍醐味」形容上乘的美味，其由來就是從牛乳當中提煉出「醍醐的味道」而來。由此可見，當時乳酪在貴族間有多麼受歡迎。

佛教經典《涅槃經》當中記載：「從牛出乳，從乳出生酥，從生酥出熟酥，從熟穌出醍醐。醍醐是五味之中最上乘的美味」。然而，隨著時代的演進，日本對唐朝先進文化的嚮往漸漸減弱，奶油和乳酪也漸漸被人們所遺忘。日本人的體質不適合喝牛奶，這或許也是乳製品漸漸不受青睞的原因之一。現在的日本人由於體質改變，對牛奶的接受度也增加，但過去的日本人，很多人只要喝牛奶就容易拉肚子。

4 納豆、丸子與烏龍麵

起源不明且具黏性的納豆

納豆是庶民之間接受度很高的食材，但其起源不明。納豆原本是亞洲稻作地帶非常普遍的發酵食品。納豆可大致可以分為兩種，分別為用麴製成、不具黏稠性的「鹽辛納豆」和「寺納豆」，以及用納豆菌製成、具有黏稠性的納豆。

這兩種納豆當中，鹽辛納豆是從中國傳進來的納豆。中國將鹽辛納豆稱為「豉」（日文發音為kiku），傳說是由名為康伯的人從西域帶進中國，到了漢朝之後中國才開始製造。奈良時代，正倉院文書《延喜式》當中也有出現關於豉的記載。根據記載，豉是類似不甜的甘納豆一般的東西。不過這裡記載的豉似乎是遣唐

8 又稱「大寶律令」，西元七〇一年制定，是日本古代的基本法典。

使從唐朝帶回來的土產之一，日本當時是否有製造就不得而知了。

等到鎌倉時代之後，鹽辛納豆才正式在日本社會扎根。鎌倉時代，在中國的禪院被當作是「點心」食用的鹽辛納豆再度傳進了日本，漸漸成為了日本飲食文化的一環。「納豆」這兩個字被認為最早出現在十一世紀中，由藤原明衡所著的《新猿樂記》[9]之中。當時京都的天龍寺和大德寺，這些寺院皆盛行製造鹽辛納豆。

「納豆」這個名稱的由來有一說是取自寺院的納所（寺院存放布施品的場所）。明治時代在東京製造的甘納豆，就是改良鹽辛納豆而來。從關西多產鹽辛納豆中也可以看出，納豆是由禪僧從中國帶進日本的食品。

現在一般的納豆，指的都是具有黏稠性的納豆。據說在十一世紀被稱作「後三年合戰」[10]的時期，當時八幡太郎義家在前往奧州的途中紮營常陸（現在的茨城縣），他發現煮熟的大豆放在馬飼料的稻草上竟然發酵且具有黏稠性，這個偶然的發現傳說就是納豆的起源。不過事實上是否真的如此就不得而知了。附著在稻草上的納豆菌剛好與煮熟的納豆結合發酵，這也許不足為奇，納豆的起源就是來自這生活中的小發現。因此，這種具有黏稠性的納豆可說是自日常生活中產生的食品。

米與納豆密不可分的關係

大多數的外國人都不喜歡納豆的味道和又黏又滑的口感。納豆也許不受外國人的歡迎，不過日本人就是愛這種口感。在飲食文化中占有重要地位的「味覺」，似乎與影響各自飲食文化的歷史與地理環境有很深關聯。

納豆是與稻作擁有密不可分關係的發酵食品。稻米收割之後會剩下許多稻草，巧妙利用附著在稻草上的納豆菌就可以製造出納豆。因為納豆是將大豆煮熟後放到稻草上，再藉由納豆菌的力量製成，因此可說是稻作的副產品。

納豆菌在分解大豆蛋白質的過程當中，會釋放出含有麩酸的胺基酸，這也是納豆鮮味的來源。並且，大豆原本含有的維生素B12也會增加三至四倍。因此，納豆

9 平安時代中期學者藤原明衡的作品。透過某個家庭觀賞名為「猿樂」的藝文活動，反映當時的社會民情、文化活動等。

10 發生在平安時期，奧州（大約是現在的岩手縣）藤原家扳倒稱霸東北地區清原家的戰役。而八幡太郎義家是當時最大的功臣。

不僅美味，而且營養價值非常高。納豆特殊的氣味與可可豆相同，都是來自於間苯二甲胺。由於納豆的特殊氣味與醬油和醬菜的氣味類似，因此日本人不覺得納豆的氣味有什麼不對勁，這也是納豆深受日本人喜愛的原因。

至於納豆的口感，由於日本人吃的日本米比較軟且具有黏性，正好與又滑又黏的納豆相似。

佛教傳進日本之後，朝廷下令禁止吃肉，失去了動物性蛋白質來源的日本人，納豆和豆腐成了新的蛋白質來源，長久以來在人們的生活當中扮演了非常重要的角色。

製作味噌的時候會將「煮熟的大豆」鋪在用稻草做的草蓆上，上面再鋪上稻草讓大豆發酵。製作的時候，如果維持低溫，大豆發酵後就會成為含有麴的味噌，但如果溫度過高，大豆就會發酵成「納豆」。江戶時代會把味噌和「發酵失敗所產生的納豆」一起煮成湯飲用。因此，味噌文化既是大豆與納豆菌結合所製造出的產物，也是納豆與米飯相遇的契機。

根據學者小泉武夫的說法，中國雲南的西雙版納地區會吃一種名為「豆司」的半發酵納豆。而位於湄公河流域的緬甸，當中的撣族等族群也會吃納豆。當然，在當地的飲食文化基礎之下，納豆的吃法與日本不相同，他們會將納豆油炸或是與魚一起炒來吃。

雲南地區被認為是稻作的發祥地，因此可以推測，納豆也與稻作同樣，從很早以前開始就存在，並與稻米一起傳播到了各地方。

根據推測，具有黏稠性的納豆經過歲月日積月累，慢慢地與稻米一起傳播到從東南亞至西日本的照葉樹林一帶。

丸子是古代前衛的食品

從唐朝開始，因為攜帶方便，因此遣唐使會從唐朝帶回一些用麵粉做的小點心。到平安時代前期為止，從唐朝總共帶回了八種的唐菓子以及十四種的果餅（類似麻糬的小點心）。日本固有的小點心被稱為「kuwashi」，主要指的是經過乾燥後的果實，而使用麵粉所製作的「kashi」則是從唐朝傳來的新型態點心。

不論是「kuwashi」或是「kashi」，漢字都寫為「菓子」，為了區別，會用「唐菓子」代表從唐朝傳進來的點心。當時的唐菓子包括大豆餅、小豆餅、將麵粉揉成麵團後再用麻油煎過所製成的煎餅、混合米或麵粉與蜜或糖而成的環餅、芝麻餅、以及現在麵線的前身——索餅等。當中，最受矚目的是丸子（團喜）。

丸子在日本被稱作「團子」。現在，「團子」與「麻糬」的界線非常不明確。但日本國語辭典中清楚定義，團子指的是「穀類的粉加水揉成圓形麵團。將麵團經過蒸或煮後所製成的食品」。而麻糬則是「將糯米蒸熟後，放在石臼中用杵持續搗打，直到糯米變得黏稠為止。搗打完畢後再捏成圓形或扁形食用的食品」。與麻糬的歷史相比，團子算是新的食品。團子是人們開始使用石臼磨麵粉之後才出現的食品，所以團子算是以「粉類」做為原料製成的新型態食品。

團子另外又可寫成「團粉」。「團」有聚集的意思，聚集粉類所製造出來的食品就被稱做團粉。而「子」則是暱稱。

繩文時代的日本人會將麻櫟或枹櫟的果實搗成粉後揉成圓形麵團食用，這種食物的日文稱做「粢（shitogi）」。用米磨成粉為原料、用來供奉神明的麻糬也被稱作「粢」。這應該是原本用果實的粉製作，後來才改成將米磨成粉後製作，因此才會有相同的名稱。另外，在愛奴族語中，將樹木的果實磨成粉後揉成圓形麵團所製的食物被稱為「shito」。

遣唐使團的功績是將唐菓子等用麵粉所製作的食品帶回日本。從此之後，小麥磨成的粉成為被大家廣為利用的食材。為了將小麥轉換成食材，必須使用到石臼，這是因為如果不將小麥磨成粉就無法食用。

團子從唐朝傳來，是使用麵粉所製成的食品，原本屬於唐菓子的一種。團子名稱的由來不明，有一說是從名為「團喜」的唐菓子演變而來。

根據《日本書紀》記載，西元六一〇年（推古十八年），高麗一位名為曇徵的僧侶將石臼（中國稱作碾磑）帶進日本，並教導人們如何將穀物磨成粉。奈良東大寺裡面有一個「碾磑門」，有記錄指出，當初人們就是在這裡使用碾磑。在此之前，包括米在內的所有穀物人們都是「整粒」食用。

在日本，由整粒的穀物所製成的麻糬稱作「餅」，而由粉類製成的麻糬則稱作「團子」。「餅」與團子不同，是屬於將穀物整粒食用的一種，也是古代穀物的加工品。原料除了稻米之外，還包括小米、黍、枹櫟的果實以及日本七葉樹的果實等。「餅」從很早以前就扎根於日本飲食文化之中。供奉給神明的餅稱為「osonae」或「osuwari」。

《和訓栞[11]》當中記載：「Dango寫作團子，是西方的稱號」。由此可以看出，團子是外來的食品。日本很多地區的風俗習慣是將粉類所做成的團子供奉在佛祖面前，而不能供奉給其他日本傳統的神明，僅在慶祝的時候才會吃。這是由於團子是在利用水力將穀粒搗碎，這個非常創新的技術傳進日本之後才製造出的食品，在古代是難得一見，屬於非常時尚的食品。

烏龍麵起源於唐菓子？

傳說烏龍麵原本是一個名為「混沌」的點心，是由遣唐使一行人從唐朝帶回日本。而麵線原本也是一個名為「索餅」的點心。「索」含有「繩」的意思，因此「索餅」指的是「外形如繩子一般且用麵粉所製造的食品」。

「混沌」是用麵粉做成團子之後再包入餡料煮熟的食品。外形圓潤沒有角，日文稱作「konton」。因為這是食品，食字旁取代了水字旁，成了「餛飩（konton）」。又因為主要是熱騰騰食用的食品，所以又寫成「溫飩（onton）」，漸漸又演變成「饂飩（udon）」。這個就是與現在的烏龍麵有點相似又不太一樣的食品。

而「索餅」是將麵粉、米粉加鹽後揉製成像繩子一般細長且交叉的麵團之後再油炸的食品。在日本，取其外形又稱為「牟義繩（muginawa）」也就是「麥繩」的意思。根據西元九二七年編纂的《延喜式》記載，在宮中會將索餅拌醋、醬油、鹽以及糖食用，同時也是賜給僧侶的食物。

到了平安時代，原本是貴族專屬的索餅，一般民眾在平安京的市集上也可以買到。《今昔物語》[12]當中也出現索餅化身為蛇的橋段。索餅隨著時代愈變愈細，漸漸演

11 江戶中期一位名為谷川士清的學者所編纂的國語辭典。
12 平安時代末期的民間故事集。

變成現在的麵線。

使用麵粉所製造的食品會在室町時代盛行的主要原因有三。第一，室町時代小麥被當作是稻米的第二期作物普遍栽種；第二，宋朝的技術傳進日本，石臼普及，民間也普遍使用石臼將作物磨成粉；第三，禪僧將「點心」這種料理介紹給一般民眾，普及民間。

到了十四世紀，索餅又被稱為「sakuhei」或「sakubei」，漸漸地，在文獻中可以看到「素麵（somen）」，也就是麵線這兩個字的出現。順道一提，中國的麵到現在仍都是維持比日本的麵線再粗一點的形狀。室町時代中期以後，「素麵」取代了「sakuhei（索餅）」成為正式名稱。

隨著時代變遷，不論是烏龍麵還是麵線都失去原有的形狀，成為現在我們熟知的細長形麵類。麵線多半經過乾燥，而切成細長形的烏龍麵則被稱為「切麥（kirimugi）」，也就是中國的「切麵」。「切麥」當中，加熱食用的稱為「熱麥（atsumugi）」，而冷的切麥則被稱為「冷麥（hiyamugi）」。不知不覺當中，切麥成了烏龍麵的一種。

相當於日本平安中期至鎌倉中期的中國宋朝，是中國麵類的完成期。確立了用麵棍延展麵團，再用刀子切成長條狀的製麵方式。一般認為，將麵切成細長條狀的宋朝文化傳進日本，也影響了日本的飲食習慣。

關於「切麥」，有一說法是在室町時代，透過日明貿易（勘合貿易）從中國帶回來。烏龍麵的文化以關西為中心發展，慢慢才傳到關東。江戶時代到寬文年間為止有許多專賣烏龍麵的麵店，而蕎麥麵店則要等到享保年間之後才慢慢出現。

空海帶回來的煎餅

中國從西漢初期就開始吃煎餅。據說到了唐朝，留學唐朝的僧侶空海將煎餅的製作方式帶進日本。唐順宗盛宴款待空海，當中有一道形狀類似龜殼的煎餅，空海非常喜愛煎餅淡雅的風味，因此特別學習煎餅的製作方式。回到日本之後，空海將作法教導給山城國[13]小倉里的和三郎。和三郎在葛根粉和米粉當中加入果糖漿，製成「龜殼煎餅」獻給天皇。之後，這個龜殼煎餅風靡日本全國。

煎餅的「煎」包含煎和煮的意思，「餅」則是麵粉經過揉捏後所製成的團子。以前的煎餅和現在的不同，比較軟且濕潤，無法長久保存。現在日本各地都還有這種比較濕軟的煎餅。

在應仁之亂[14]以後，很難在受到戰火摧殘的京都找到配茶的點心，因此千利休[15]的弟子幸兵衛開發出一種在麵粉裡加了砂糖的點心。這種點心與現在的煎餅類似，屬於經過乾燥的煎餅。取千利休的「千」字，加上幸兵衛的名字，這種煎餅被稱為「千之幸兵衛」。之後，將「幸」字省略，成了千兵衛（senbei）。這個名字代代相傳，現在在日本，煎餅指的就是仙貝（senbei）。

5 砂糖、蠶豆、蓮藕意外傳入日本

大佛與蠶豆的意外緣分

東大寺的「大佛開眼會」是日本古代最具代表性的一大盛事，同時也是蠶豆傳進日本的契機。

中國的《本草綱目》稱蠶豆為「胡豆」。這個名稱完全沒有古代地中海世界對蠶豆的特殊形象的描述。「胡」在中國指的是中國北方的地區，胡豆僅僅是代表從北方傳來的豆子。傳說中國在西漢的漢武帝（西元前一四一年至西元前八七年在位）時代派遣使節張騫（？至西元前一一四年）前往大月氏國，而蠶豆就是那時候

13 大約相當於現在的京都南部。
14 發生在室町時代的內亂。從西元一四六七年至七七年，為期大約十年。也是日本進入戰國時代的契機。
15 日本戰國時代至安土桃山時代著名的茶道宗師。

由他從西域帶回中國。

與蠶豆相同，葡萄、石榴、芝麻（胡麻）、黃瓜（胡瓜）、大蒜（胡蒜）等都是張騫從西域帶回中國的食物。張騫開拓絲路，也成為傳遞西方食材至東方世界的橋梁。絲路是西方食材流入中國最主要的通路。

張騫報告西方有一個名為安息（阿薩息斯王朝的音譯，指的是帕提亞帝國）的大帝國，這對於認為漢帝國是唯一天下（世界）的中國人而言，簡直是令人不可置信的驚人消息。張騫有如東方哥倫布一般，從西方傳進中國的東西，多半都被認為是張騫帶回來的。古代埃及和希臘認為蠶豆是不祥的象徵，但中國並沒有傳承這個想法。因為蠶豆的形狀與胎盤相似，因此古代埃及和希臘認為蠶豆是連結黃泉世界和現實世界的不祥之物，不過蠶豆進入中國後完全拂拭了過去這個不好的形象。在中國，因為蠶豆的形狀與蠶相似，因此得名蠶豆。

西元七三六年日本從唐朝邀請了印度僧菩提僊那（西元七〇四年至六〇年）前來參加聖武天皇下令搭建的東大寺大佛的開眼法要，而蠶豆就是當時由菩提僊那帶進日本。

菩提僊那在西元七三三年受遣唐大使多治比廣成之邀，路經太宰府之後，在西元七三五年到達攝津[16]，接受僧侶行基等人的款待，之後進入了位於平城京[17]的大安寺。西元七五一年任職僧正[18]，隔年西元七五二年擔任大佛開眼供養的開眼導師。西元七六〇年，在大安寺結束了五十七年的人生。

西元七五四年，菩提僊那雖然已經眼盲，但經過六次嘗試之後，再度成功渡日，在平成京認識了將來創建唐招寺的鑑真和尚[19]。

據說菩提僊那進到日本之後，將從唐朝帶來的蠶豆交給行基僧，行基僧又將蠶豆種植在兵庫縣的武庫村。仔細想想，蠶豆傳進日本的契機正是大佛開眼會這個日本古代最大的盛事。雖然史書上沒有記載，但這是世界與日本接軌的一段插曲。

順道一提，由於蠶豆的豆莢向上發展，有如朝向天空生長的豆子，因此在日本

16 相當於現在的大阪府中北部和兵庫縣東南部。
17 奈良時代的日本首都。
18 統括所有僧侶的官職。
19 唐朝的僧侶。也是日本佛教律宗的開山祖師。

擁有「天空豆」的美名。也不復見蠶豆過去在埃及的負面形象。

鑑真和尚帶回來的感冒藥「砂糖」

代表砂糖的英文「sugar」來自法文的「sucre」，而法文的這個字又是起源於阿拉伯語的「sukkar」和梵語的「sarkara」。由此可見，砂糖是橫跨世界各地的重要產物。

甘蔗的起源要追溯到新幾內亞。新幾內亞從西元前一萬五千年至西元前八千年左右就開始栽種甘蔗，經由與東南亞有貿易往來的印度商人之手傳進了印度社會。有證據顯示，印度從西元前的時代起就開始使用砂糖。奉亞歷山大帝（西元前三三六年至西元前三二三年在位）之命遠征印度的司令官亞科思在報告中指出：「在印度，不需要藉助蜜蜂之力，從蘆葦的莖部就可以製造出蜜」。報告中所寫的「從蘆葦的莖部就可以製造出蜜」，指的就是砂糖。

八世紀中之後，伊斯蘭的商人在歐亞大陸創造出大規模的貿易商圈，而甘蔗就隨著稻米、棉花、檸檬以及烹調用的香蕉、芒果等一起傳進了伊拉克南部地區。這是印度食材大規模移動的時期。

當時的地中海成了「伊斯蘭之海」。甘蔗被當作是「萬能的藥劑」，埃及各地開始大規模栽種甘蔗。漸漸地，甘蔗經由賽普勒斯島傳入西西里島和南非等地。

地中海沿岸的甘蔗栽種與稻米相同，採用的是勞力密集栽種。據說當時在埃及，甘蔗從播種到收成為止，灑水次數（每日）高達二十八次。

學者佐藤次高所著的《伊斯蘭的生活與技術》當中提及，西元一二五二年，駱駝商隊載著埃及出產的砂糖，從開羅前往巴格達的途中，遭到由旭烈兀掌管的伊兒汗國蒙古軍襲擊，一百三十五噸砂糖遭到搶奪一空。由這個事件當中可以看出，當時埃及是世界數一數二的砂糖生產國。

當時在埃及，砂糖被視為高價的藥材。十四世紀，義大利商船把蔓延歐洲的瘟疫帶進埃及亞力山大港，進而擴散整個埃及。當時人們會吃砂糖來減緩瘟疫所造成的喉嚨和關節疼痛，砂糖的價格也因此上漲五至六倍。

另外，砂糖也在十字軍時代，經由威尼斯傳進了歐洲。當時的砂糖除了是高級食材之外，更是醫藥商人大舉販賣的藥品。十三世紀義大利經院哲學的代表人物之一，湯瑪斯阿奎納強調生活簡樸的重要性，反對使用奢侈品。但由於砂糖被視為是胃藥，因而排除在奢侈品的名單外。

順道一提，砂糖的製法早在傳進歐洲前五百年的五世紀末至六世紀初就已經傳進中國。

被稱為「唐黑」的黑砂糖據說是在西元七五四年，由隨同遣唐使大拌古麻副大使一同來往日本的盲僧鑑真和尚所帶進來的。砂糖在當時被當作是上流社會的禮品，同時也被當作是感冒藥使用。

日本要等到西元一六一〇（慶長十五）年，奄美大島一位名為直川智的人從中國帶回秧苗後才開始種植甘蔗。之後，由於幕府的命令，全國各地都開始栽種甘蔗。在甘蔗研究部份，陸續出現平賀源內、池上太郎左衛門幸豐等優秀的研究者，製作技術也從黑砂糖進步到可以製作出冰糖。

圓仁帶進來的蓮藕

佛教認為蓮花的盛開是告知人們釋迦牟尼的誕生，因此，蓮花與佛教有密不可分的關係。由於蓮花的花與果實是「連」在一起的，因此得名「蓮」。

《萬葉集》[20]和《古今和歌集》[21]當中都有歌詠蓮花葉和花的作品。在當時，蓮花是非常珍貴的植物。栽培埋在水裡的蓮花地下莖，也就是蓮藕來吃的習慣要等到西元八四七（承和十四）年之後才慢慢開始普及。最澄僧的弟子圓仁（慈覺大師）搭上了最後一班前往中國的遣唐使船，他從中國帶回了有關蓮藕的情報，可說是佛祖牽線傳入日本的食材。

圓仁搭乘的船遇到暴風雨，好不容易才漂流到長江河口的商都——揚州。圓仁在路經五台山後到達長安，在長安學習密教之後搭上新羅商人的船回到日本。他從中國帶回八百零二卷經文的同時，也帶回了蓮花的地下莖可以吃的情報。此後，瀨

20 現存最早的日本詩歌總集。

21 日本最早的和歌集。

戶內海周邊就開始栽種蓮藕。

江戶時代後期的享和年間（西元一八〇一年至〇四年），周防（山口縣）岩國庄屋的村本三五郎前往九州從事蓮藕的栽培工作，回到家鄉之後栽種出了九個洞的蓮藕。由於這種蓮藕與岩國藩主吉川家的家紋「九曜」相符，因此藩主獎勵栽培，並賜名「岩國蓮藕」。

遣唐使所忽略的菠菜

阿契美尼德王朝於西元前五五〇年從伊朗高原南部的波斯地區興起，統一了埃及和美索不達米亞等兩大農耕地帶。直到西元七世紀伊斯蘭勢力抬頭為止，阿契美尼德王朝、阿薩息斯王朝（安息）、薩珊王朝等三個由波斯人統治的帝國維持了很長的一段時間。波斯人在當時擁有可以與羅馬帝國等地中海勢力一爭高下的龐大勢力。

波斯（伊朗）人從西元前開始就很喜歡吃菠菜，也漸漸將菠菜傳到世界各地。

波斯人從古代開始就將生長在高地冷涼地區的菠菜當作維持健康的藥草食用。菠菜確實含有豐富的維生素A和C，莖的紅色部分含有紅色的甜菜紅素，被認為有抗癌的效果。

中國以前稱菠菜為「菠稜菜」，現在則簡化稱作「菠菜」。這裡的「菠稜」含有「波斯」的意思。

據說，菠菜是在唐代第二個皇帝，唐太宗（西元六二六年至四九年在位）的時候由尼泊爾的僧侶帶進中國。唐朝首都長安當時不論是服飾、娛樂或是飲食，都掀起了一股波斯風潮（被稱為「胡風」）。由於伊斯蘭勢力擴張，造成了薩珊王朝的滅亡，當時很多的波斯人和粟特人都流亡長安。菠菜也是在這個時代背景下在唐朝廣為流傳。菠菜被唐朝人認為是波斯人常吃的流行食材，漸漸融入唐朝人的生活之中。長安人常吃的食材包括稻米、黍、豬肉、雞肉、豆類、洋蔥以及筍子等，而菠菜被視為外來的珍貴食材。

波斯人視菠菜為藥草的觀念也傳進了唐朝社會，被大家認為是對身體好的蔬菜而廣受好評。唐朝煉丹術盛行，為了追求長生不老，人們會飲用水銀的原料——辰砂。就連唐朝的皇帝也非常熱中飲用辰砂，而多位皇帝也因水銀中毒而丟掉性命。當時，為了去除飲用辰砂後留在喉嚨的不適感，也非常盛行在飲用辰砂之後吃菠菜。

然而，日本的遣唐使、留學生以及留學僧在當時似乎都沒有注意到菠菜的存在。西元一六三〇年，林羅山所著的《多識篇》[22]當中記載著有關菠菜的敘述。由此可以推斷，菠菜是在十六世紀末至十七世紀初才傳進日本。

從中國傳進來的菠菜屬於亞洲品種，特色是葉子的形狀有如劍一般。明朝的勘合貿易體制瓦解，走私貿易集團首領王直將重心移到日本五島與平戶[23]之後，明朝有許多人移居日本九州，而菠菜也跟著進到了日本九州。江戶時代，由於菠菜的根是紅色的，因此被稱為「赤根菜」。另外，由於是從中國傳進來的蔬菜，因此也被稱為「唐菜」。

6 從魚醬到味噌

魚醬文化與稻作有關？

日本列島四面環海，古代的調味料為魚醬。將海鮮用鹽醃漬一年以上，經過熟成後得到的調味料就是魚醬（魚醬油）。鹽不但可以防止海鮮類腐敗，還可以分解蛋白質，釋放鮮味。如此一來就可以得到鹽味和鮮味巧妙結合的魚醬。

世界各地有不同種類的魚醬，包括最近在日本很受歡迎的「魚醬」，這是以小魚和蝦為原料製造的泰國調味料。另外，以與鰺同類的圓鰺和藍圓鰺為原料製造的「鰺魚露」、以飛魚等各種魚類為原料製造的「越南魚露」，以及以小蝦為原料製造的「印尼魚露」等也都非常受歡迎。

22 林羅山參照《本草綱目》所著的書籍。
23 現在日本長崎的兩個地名。

魚醬文化從地中海、東南亞漸漸拓展至中國、朝鮮、日本等東亞世界。在日本，具代表性的魚醬包括秋田的「shotsuru」、能登半島的「ishiru」、香川的「玉筋魚醬油」以及鹿兒島的「鰹魚的精華」等。從現在也很受歡迎的鹽漬烏賊和熟壽司當中都可以看到魚露文化的身影。也就是說魚露文化早在醬油文化之前就已經成形。

在各地廣為流傳的魚露文化，其起源備受爭議。在越南，傳說魚露醬的製造技術是從歐洲傳來的。古代羅馬帝國的確有製造一種名為「garum」的魚醬。然而，這個製造技術到了近代才傳進越南的說法可說是無稽之談。

相對於這個說法，學者石毛直道提出了魚醬起源於內陸地區的見解，主張魚醬主要是以內陸河川的魚為原料製成。也就是說，稻作從雲南起源，沿著河川南下傳至中南半島，在這過程當中，利用可以輕易從水稻田和水路中取得的小魚為原料製造魚醬，再加入稻米製成熟壽司。從此可以看出水稻耕作與魚醬之間有密不可分的關係，魚醬也被認為是隨著稻作一起傳播開來的。

膾曾是料理的基礎

根據季節不同，大自然提供的天然食材也有所不同。因此在古代，如何保存食材成了一大問題。古代的東亞會用鹽醃漬生的肉或魚，經過發酵後保存。中國從戰國時代到漢朝為止，流行吃一種名為「鮨」的魚醃漬物和一種名為「醢」的生肉醃漬物。日本用「鮨」這個字代表壽司，不過「鮨」原本的意思是醃漬物。

漢朝之後，隨著江南地區稻作的開發，稻米在經過發酵後成為了保存食品最好的東西。只要將肉或魚加鹽和米飯醃漬，經過三個月到一年時間的發酵之後就成為了「熟壽司」。「膾」指的是切細的生肉，而「鱠」指的則是切細的魚肉用醋浸泡的醃漬物。

飲食文化研究者篠田統對於「鮨」的起源有獨到的見解：「鮨原本是東南亞山地居民的烹調法，並非用米來保存河川魚或禽獸肉的保存法」。篠田統因此推斷，「醋醃法」隨著稻米從雲南地方傳遍中國、朝鮮以及日本各地。順道一提，韓國著名的生牛肉料理，其漢字就寫作「肉膾」。

中國的生食文化，到深受內陸遊牧民族影響的唐朝為止，主要都是吃「生肉膾」。然而到了宋朝，生食文化起了巨大的變化，改以「生魚膾」為主。河川魚之王的「鯉」魚由於與唐朝皇帝「李」姓氏同音，因此唐朝禁止人們食用鯉魚。但到了宋朝之後，鯉魚搖身一變成了受歡迎的食材。這與漁獲量豐富的江南開發有很大的關係。

古代的日本也受到中國飲食文化的影響，經過處理的肉膾和魚膾成為了食品保存和料理的軸心。《日本書紀》將「膾」寫作「割鮮」，念作「namasutsukuru」。「奈萬須（namasu）」是從生肉（namashishi）演變而來，指的是生的獸肉。中國由於地理條件符合，因此主要吃的是獸肉的「肉膾」，而日本主要吃的則是「生魚膾」。要等到室町時代之後才在「膾」中加醋。

傳播至東亞的「醬」

從西域傳來的佛教，也將現在東亞最具代表性的調味料「醬」、日本的醬油以及味噌前身的「豉」同時帶進了東亞地區。「醬」是醬油和味噌的基礎，是與佛教同時傳進東亞的調味料。在此之前，日本列島自古以來都是使用魚醬當作調味料。魚醬是魚醃漬物的上層部份。

以前是將魚或肉加鹽醃漬且經過發酵後的食品稱作「醬（hishio）」，是一種非常鹹的食品。有趣的是，鮑魚的「鮑」字原本指的是肉醬。醬有許多不同的種類，包括利用瓜類、茄子、蕪菁、白蘿蔔、土當歸、桃子以及杏桃等製作的「草醬」；利用禽獸類製造的「肉醬」；利用魚、貝、蟹、海膽以及蝦等製作的「魚醬」；以及利用稻米、小麥、豆類等製作的「穀醬」等。

受到佛教和外來文化的影響，日本人漸漸疏遠了利用魚和肉所製成的醬，取而代之的是以豆類或穀物為原料所製成的醬。根據中國文獻記載，醬的前身為豉，跟隨佛教從西域傳進中國的。豉是以大豆為原料製成，加了小麥就可以製成醬。豉在經過多次演變之後，經由朝鮮半島傳進了日本列島。

「醬」傳進日本列島的過程雖然不明確，但根據大寶令中的職員令[24]指出，宮內省[25]當中設有多個專門掌管朝廷飲食的官職，在大膳職[26]下面設有醬院，專門負責製造醬類。「醬」在日本延續肉醬、魚醬時代的稱呼，念作「hishio」，是現在味噌和醬油前身的一種調味料。據悉，在大寶律令制定之時，味噌和醬油前身的「醬」就已經傳進了日本。

到了平安時代，「醬」的製造更加普及。平安京[27]的東市裡設有「醬店」，而西市裡則設有「味噌店」，販賣醬的店鋪多達五十家。

味噌是從百濟傳進來的嗎？

固體的味噌在以前指的是成形前的醬，因此被稱為「未醬」。到了後代，「未」加了口字旁成了「味」，「醬」字也被「曾」字所取代，加了口字旁就成了「噌」。早期的「醬」是濃稠的液體，與醬油並沒有明確的區分。

西元六六〇年，位於朝鮮半島的新羅與唐朝聯手滅了百濟，許多百濟難民逃到了日本半島居住。根據推測，這批百濟移民當中有許多非常擅長製造味噌的人。也因此日本從前稱味噌為「高麗醬」。而味噌（miso）名稱的來源有一說是來自朝鮮語中的miso。

西元七五四年（天平勝寶六年），鑑真和尚雖然眼盲，但仍渡日傳播佛教的戒律。根據《唐大和上東征傳[28]》記載，鑑真和尚在將砂糖帶進日本的同時，也將豉，這個中國的調味料帶進了日本。當時傳進來的就是後來在奈良被稱為「飛鳥味噌」的黑豉。

鎌倉時代，人們開始用味噌來熬煮食材，而味噌湯的起源則要追溯到室町時代。武士們下功夫改良味噌的製造方式，將味噌當作軍糧。在東北地方和內陸地區，味噌也被當作是鹽分補給的重要來源。

24 大寶令當中規定每個官職職責的法條。

25 負責掌管宮廷內有關膳食、掃除、醫療等大小事的單位。

26 隸屬於宮內省的單位。負責供給宮廷內大臣們膳食。

27 現在的京都府京都市。西元七九四年桓武天皇從長岡京遷都後，至一八六八年明治天皇遷都東京前的日本首都。

28 奈良時代的典籍。內容記載鑑真和尚東渡日本傳播佛教的事蹟。

7　蕎麥麵、蒟蒻、沙丁魚以及牛蒡

蕎麥麵以前是饑荒時吃的食物

蕎麥是從原產地的西伯利亞經過朝鮮半島才傳到日本列島。另有一說是經由北海道，由北向南傳遍日本列島。面向鄂霍次克海的遺蹟當中發現，日本大約從四千年前就開始栽種蕎麥，歷史遠比稻米悠久。

根據《續日本紀[29]》記載，西元七二二年，由於稻米的成長不盡人意，為了預防饑荒的發生，因此元正天皇下令各地栽種蕎麥。到了奈良時代，同樣也為了預防饑荒而栽種蕎麥。也因為有此歷史背景，因此在關西，蕎麥農家供奉元正天皇為蕎麥之神。蕎麥是非常耐寒的作物，而且在貧瘠的土地上栽種的蕎麥特別香，因此被認為是最適合用來預防饑荒的作物。

不過，古代食用蕎麥的方式與現在大不相同。以前是將蕎麥磨成粉加熱水後食用，日文稱作「sobagaki」。或是混合稻米和蕎麥煮成「蕎麥飯」食用。近江[30]的伊吹山附近被認為是蕎麥栽種的發祥地，之後傳到山梨和長野的山區，長野也開始普遍栽種蕎麥。

現在我們所熟知的蕎麥麵（soba）當初被稱為「蕎麥條（sobakiri）」。關於「蕎麥條」的起源可說是眾說紛紜。根據《嬉遊笑覽》[31]記載，蕎麥麵在天正年間（西元一五七三年至九二年）起源於甲州[32]一帶。另外有一說是在江戶時代初期，朝鮮的元珍僧來到東大寺，教導大家在蕎麥粉當中加入麵粉，這也成為了現在蕎麥麵的前身。

「蕎麥條」被認為是在西元一六六四（寬文四）年傳到江戶。不斷推陳出新的江戶菓子店在推出「蒸蕎麥麵」後，立刻在喜歡新鮮事物的江戶人之間造成轟動。

29 平安時代初期所編纂的史書。
30 現在的滋賀縣一帶。
31 江戶時代記述日本風土民情的卷書。
32 現在的山梨縣一帶。

蒟蒻起源於飛鳥時代

蒟蒻的原料為蒟蒻芋，原產於中南半島，於六世紀中被當作為藥材，從朝鮮傳進了日本列島。在推古天皇（西元五九二年至六二八年）的時代，主要是從中國進口。蒟蒻被認為具有「去腸砂」，也就是整腸的效果。

蒟蒻芋由於具有毒性，所以不可生吃。將蒟蒻芋熬煮之後剝皮，搗爛成糍糊狀後再加入石灰凝固，就可以製作出蒟蒻。蒟蒻粉的吸水力強，加了水之後會大幅膨脹，彈力和黏著力也倍增。一杯的蒟蒻粉大約可以製作出四十塊蒟蒻。

鎌倉時代的素食料理將熬煮過的調味蒟蒻稱作「糟雞」，意指雞的碎肉。另外，蒟蒻也有山河豚之稱，如同生魚片一般的生蒟蒻片也非常受歡迎。

順道一提，正如日本「鄉下的和尚及蒟蒻比較好」的諺語所說，像鄉下樸實的和尚一樣，無添加其他物質的鄉下蒟蒻被認為比添加物多、顏色白且柔軟的城市蒟蒻來得好。

到了元祿時代[33]，小吃店開始販賣經過熬煮的蒟蒻，蒟蒻也就此成為受到一般市井小民歡迎的食物。經過熬煮的蒟蒻同時也是關東煮的前身。俳句詩人松尾芭蕉據說非常喜歡吃蒟蒻。

沙丁魚是古代的大眾魚

據說由於沙丁魚是非常容易死亡的弱小魚類，因此從代表「弱小」的「yowashi」變音成了沙丁魚的日文名稱「iwashi」。另有一說是，由於沙丁魚是一般民眾吃的魚，因此從代表「卑微」的「iyashi」變音成了「iwashi」。沙丁魚自古以來就是具代表性的大眾魚。在繩文時代的貝塚當中找到了大量沙丁魚的骨頭，從中可以看出人們自古以來就常吃沙丁魚。

太平洋岸盛產遠東擬沙丁魚，日本海岸盛產脂眼鯡，瀨戶內海則盛產日本鯷魚，雖然沙丁魚的種類不盡相同，但相同的是產量豐富的沙丁魚類自古以來就深受

33 一六八八年至一七〇三年。

民眾的喜愛。根據奈良時代的資料記載，十八條沙丁魚價值三文，從這個低廉的價格當中也可以看出沙丁魚是一般市井小民所吃的魚。

沙丁魚的繁殖力旺盛，捕獲量非常豐富，但只要一旦捕不到沙丁魚，整個漁業也就跟著停擺。據說在江戶時代，西元一六五六（明曆二）年，大量的沙丁魚湧進利根川，漁夫們也跟著搬到河川上游。之後，沙丁魚的漁獲量大的情況也維持了好一陣子。然而，到了西元一七三〇年，日本全國完全捕不到沙丁魚，這個狀況要等到十九世紀之後才好轉。

貶低大眾魚為下等魚，不論怎麼想都是不對的事。大眾魚僅是因為漁獲量豐富，與魚的風味一點關係都沒有。據說，《源氏物語》[34]的作者紫式部在吃被視為下等魚的沙丁魚時，丈夫宣孝嘲笑她怎麼吃這麼卑微的東西，紫式部則回道：「日本沒有人不去參拜日本最受歡迎的岩清水八幡宮」。紫式部藉由與沙丁魚同音的石清水八幡宮回應丈夫的說法，指出不論是誰都會吃沙丁魚。

牛蒡料理是從平安時代末期開始

牛蒡是從歐洲到西伯利亞、中國北部一帶自然生長的植物。現在，不論是在歐洲或是中國，由於牛蒡的澀味強烈，因此很少人吃，主要都是被當作藥材使用。牛蒡是日本固有的食材，也只有在日本的餐桌上才會看到牛蒡的身影。

從平安時代末期起，就出現了以牛蒡為食材的菜單。牛蒡的根既長又硬，因此，中國雖然到宋朝為止都有吃牛蒡的習慣，但之後，在中國的餐桌上，牛蒡卻消失了蹤影。

日本人認為黑豆、黑鮪魚等「黑色食材」對身體有益，因此，同屬於黑色食材的牛蒡也在日本占有一席之地。日本人過年的時候要吃牛蒡，這是因為牛蒡在地底深處扎根，為了祈求一家根基穩固，因此會吃牛蒡來討好兆頭。

京都的堀川牛蒡、江戶的瀧野川牛蒡是從江戶時代開始就家喻戶曉的知名品

34 世界上最早的寫實長篇小說。以平安時代為背景，描述一位名為「光源氏」的美男子及他身邊多位女子的愛情故事。

種。由於注連繩[35]的形狀與牛蒡相似，因此又被稱為牛蒡注連。

將牛蒡切成絲後與紅蘿蔔拌炒，最後再加辣椒調味的菜餚稱為「金平（kimpira）」。源賴光四天王[36]之一的坂田金時有一個兒子名為金平，人稱金平淨瑠璃。他的力氣驚人，與牛蒡有相似之處[37]，因此把牛蒡炒紅蘿蔔絲這道菜取名為「金平」。

35 祭神的草編繩結。

36 平安時代中期的大將源賴光，他手下的四名家臣（渡邊綱、坂田金時、卜部季武、碓井貞光）通稱「四天王」。

37 日本人認為吃了牛蒡之後會精力大增。

第三章　室町時代是飲食的文藝復興時期

1　室町時代「飲食文化」的變遷

室町文化與蒙古帝國的關係

室町幕府[1]仿效鎌倉幕府鞏固武家政權的同時，將首都移到了京都。因此，室町幕府可說是兼具了樸實的武家文化與奢華的貴族文化。在飲食文化方面，室町時代統合了兩種不同性質的飲食文化。守護大名在各地進行開發，也加速多種不同食材的傳播。江戶時代烹調方式進步，也奠定了日本料理的基礎，但烹調的食材幾乎都是在室町時代確立的。

室町時代，日元貿易興盛，之後的日明貿易（勘合貿易）更大幅引進新的食材、食品、加工法以及對飲食的觀念等。但事實上，日本受到元朝的影響要比明朝來得大。明朝受到倭寇[2]的影響，禁止日本留學生進到中國，日明之間的貿易也在嚴格的國家監控下進行。

另一方面，雖然一般人對元朝的元寇[3]印象深刻，但實際上日元貿易的規模遠超過日宋貿易，可說是「經濟的時代」。從西元一九七五年在韓國的全羅南道新安沿岸所發現的沉船（全長三十四公尺、寬十一公尺、船員推定七十人）上所堆積的貨品中可以看出日元貿易的興盛。這艘船是在西元一三二三年從元朝的慶元（寧

1 「幕府」是由軍人掌管政權的軍政府。
2 日本的海賊。
3 元朝皇帝忽必烈兩次派軍攻打日本所引發的戰爭。

波）出港，運送貨品給位於日本博多一位名為寺社的商人。船上的貨品包括陶瓷器二萬二千個、銅錢約八百萬個（二十八噸）以及胡椒等。

因緣際會下發現的這艘船其實僅是一般普通的商船，由此可見當時日元的民間貿易有多麼興盛。由於元朝統一使用名為「交鈔」的紙幣，因此宋朝時期大量鑄造的銅錢沒了用途，但如果將這些銅錢運到日本，便可獲得大筆利益。而當時扮演貿易牽線角色的人，就是具備語文能力和儒教修養的禪僧。

西元一二七九年元滅南宋，而元則是在西元一三六八年滅亡。對照時間也可以看出室町時代飲食文化的變遷多半與元朝有關。

由元朝禪僧帶進日本的素食料理、懷石料理中的「點心」以及茶等，都成為改變日本飲食文化的原動力。豆腐、麵麩、饅頭、羊羹等從中國傳來的食品普及民間，一般大眾也普遍使用醬油、麻油等調味料。

禪僧創造出的日本文藝復興

日本造訪宋朝和元朝的禪僧數目非常多，停留的時間也都超過十年、二十年，徹底學習了中國的生活型態後才回到日本。這與以前遣唐留學僧的短期停留相比，是完全不同型態的居留模式。禪宗屬於重視感性的佛教宗派，提倡「不立文字」、「直指人心」、「見性成佛」。由於只讀佛經無法修得禪宗的精髓，所以必須連同中國人的生活型態一起學習。

日本禪僧回到日本之後，進入到京都和鎌倉的大寺院內，發揮他們的語文能力以及與中國領導階級士大夫相同的教養，活躍於外交舞台。由於禪僧擁有先進且時尚的生活型態，因此非常受到民眾的尊敬。透過禪僧的傳播，中國的生活型態漸漸滲入日本貴族與武士文化之中。這些禪僧從中國帶回來的茶和茶會、懷石料理、素食料理、以及受中國書院影響的住宅建築模式、室內裝飾、庭園建築等都為日本文化注入了新的元素。曹洞宗[4]始祖道元主張，世間萬物都具有佛性，因此就連一粒米也不可以浪費。他的這種想法與日本自古以來認為所有食材背後都有神明保護的

「萬物有靈論」相近。就像這樣，以禪宗為媒介，融合了日本傳統的飲食文化與中國的飲食文化。

以禪宗為媒介大規模引進中國文化，這對日本「文化」所造成的巨大影響是遣唐使遠不及的。禪僧所帶回來的文化與日本原有的飲食文化經過重組之後得到了大規模的變革。在歐亞大陸大部分都被併入蒙古帝國的世界變動期，日本的文化也發生了巨大的變革。

蒙古帝國連接草原與海上道路形成一個圓形網絡，活化了歐亞大陸的交易。藉由這個巨大網絡的連接，巨大的財富都聚集在義大利的多個城市，這也成為義大利文藝復興時的經濟基礎。

在義大利文藝復興開花結果的時候，日本也藉由禪宗導入了中國文化，迎接了日本的「文藝復興」時代。以鎌倉時代開始累積的中國文化為基礎，加上日元貿易帶來的文化交流，這讓日本的飲食文化在室町時代有了劇烈的變化。

由於日本的「文藝復興」是以重視坐禪[5]的禪宗為基礎，因此日本的「文藝復興」有種獨樹一格的特性。這個特性就是重視「形[6]」與「道[7]」的精神。形式上接受宋元文化的日本貴族與武士可說是符合了這一個特性。

話雖如此，日本文化是個非常重視形式的文化。「道」的精神性一旦確立，就很難顛覆。不僅是茶道、花道、歌道，每一個領域都有各自的「道」。重視前例和慣例，就算當中有弊端，還是很難顛覆。日本人不擅長應對國際間突如其來的世界變化，也許與此一文化有關。

「食膳[8]」的普及

由禪宗所引發的「文藝復興」創造出了新型態的飲食模式。這個新形態的飲食模式就是「食膳」。

4 禪宗五大流派之一。
5 「禪」的基本修行法。維持坐姿端正，進行精神統一。
6 有形體者。
7 抽象的精神因素。終極真理。
8 擺放一人份餐具和餐點的托盤。

日本最古老的食膳可以追溯到彌生時代。從靜岡縣登呂遺跡發現一種長方形木板下方有矮腳的小桌子（tsukue），這被認為是最早的食膳。「tsukue」一詞的來源為「坏居（tsukiue）」，是放置坏（食器）的平台。

到了平安時代之後，除了「tsukue」之外，還有圓形或四角形盆子下方有一隻腳的「高坏（takatuki）」、角形盆的「折敷（oshiki）」、四角盆下面有一個平台的「懸盤」、以及後來被稱為三方（sanpo）的「衝重（tsuigasane）」[9]等不同形狀的食膳。庶民多半使用木頭製造的簡陋「折敷」。

到了近代，出現了包括上漆的食膳等不同種類的食膳，而庶民之間普遍使用的則是「箱膳」。箱膳是室町時代從禪宗的寺院普及至民間的食膳，是可以收納一人份食器的箱子，用餐的時候可以將蓋子翻過來當作餐桌使用，非常方便。日本傳統的飲食法取決於每個人使用的食器，採取的是飯前將食物分裝在自己的「食膳（個人膳）」後，再用自己的筷子食用的飲食模式。

「膳」原本含有「食物」和「款待」的意思。在日本，「膳」也是「飯」的單位，像是一膳、兩膳（一碗、兩碗）這種用法也非常普遍。根據推測，江戶時代以後，人們將放在食台上的料理統稱為「膳」，而食台本身也被稱為「膳」。

雖然「膳」已經走入歷史，茶桌也被現代的餐桌所取代，但到現在為止，日本還是會將餐桌稱為「膳」，這主要是受到過去個人飲食的影響。日本文化屬於重視身份和階級的複雜「直型社會」，而個人膳正可說是符合這種社會文化的食台。分食的文化對於日本這種直型社會而言，是一種不熟悉的概念。

應仁之亂與「侘[10]」

西元一三六八年明滅元之後，隨即訂立海禁政策，禁止商人私下的海外貿易行為，此舉大大地衝擊了東亞世界。西元一四〇四年，明朝雖然開放勘合貿易（日明貿易），但規模遠不及元朝。

西元一四六七年發生應仁之亂，日本全國一分為二，全國武士也跟著分裂，隨

9 在角形的「折敷」下面再加一個平台。

10 wabi。日本的一種美學態度，意指在簡樸與貧乏之中享受閑樂。

即進入了戰國時代。應仁之亂是以京都為戰場持續了十年的內戰，這對日本的飲食文化造成了巨大的影響。戰後，將軍的權威一落千丈，幕府也陷入了財政困難。足利義政[11]（西元一四四三年至七三年在位）欲效仿足利義滿[12]建造金閣寺，在東山也建起了銀閣寺，原本打算在外牆上貼滿銀箔，但卻因為財政困難而無法完成。地方掀起以實力為本位的下剋上風潮，無常觀和逃避現實的觀念普及，這與禪文化、「茶之湯[13]」以及懷石料理等東山文化[14]有很密切的關係，新型態的日本飲食文化也在此時成形。「侘」與「寂[15]」的時代背景與應仁之亂後，社會蕭條有很大的關聯。豐臣秀吉時代，日本成為世界上數一數二的銀生產國，「侘」與「寂」反而成為了奢侈的享受。

2 新型態的飲食文化與「茶之湯」

沒有造成流行的唐朝茶

宋朝的禪院將茶視為趕走睡魔的飲品。禪僧在學習到新的飲茶禮儀後，很快就在日本社會中傳播開來，形成了名為「茶之湯」的綜合性飲茶文化。茶又與禪宗的點心、素食料理結合，為日本的飲食文化帶了了巨大的變化。

中國飲茶的風俗是從以熊貓聞名的四川開始。唐朝陸羽所著的《茶經》當中引用三國時代魏朝的著作《廣雅》[16]，記述飲茶的習慣從四川開始。人們會將茶葉蒸

11 室町幕府第八代將軍。
12 室町幕府第三代將軍。
13 抹茶的文化。
14 指的是室町時代中期，以八代將軍足利義政所建造的東山殿為中心發展的藝術文化。
15 sabi。與「侘」同為日本的一種美學態度。意指在寂靜中感受禪意。

熟並用鍋子拌炒後，押入模型製成瓦磚形狀的固體「磚茶」。等到要喝茶的時候再用刀削茶磚取得茶葉。

當時並未使用「茶」這個字，而是使用「荼（代表「苦」的意思）或「茗（遲摘的茶）」。「茶」是「荼」的俗字，據說是從七世紀開始使用這個字。「茶」的原意是茶的新芽。

推廣茶普及有功的是後來被稱為「茶祖」陸羽（西元七三三年至八〇四年）。正如西元七六〇年左右，陸羽在《茶經》的卷頭上寫道：「茶者，南方之嘉木也」一般情況下，茶分布在溫帶至熱帶的廣大地區。

貴族與僧侶把茶當作是可以趕走睡魔且讓身體精神百倍的藥物愛用。要等到從隋朝進入唐朝的那個時代，茶才普及至民間。唐朝全盛期的開元時代（西元七一三年至四一年），非常盛行飲用「茗」。陸羽覲見晚年的唐玄宗是在天寶年間（西元七四二年至五五五年）的事。

以前的日本列島雖然也有天然的茶樹生長，但卻沒有喝茶的習慣。雖然遣唐使和留學生也把茶和佛教一起帶回了日本，但喝茶的文化始終沒有普及。當時的茶被視為是高雅且時尚的飲品，只有宮中的人才可以享用。

有紀錄顯示，日本在西元七二九（天平元）年，聖武天皇曾經舉辦了「行茶儀」，賜給僧侶們當時仍被當作是藥材的茶。所謂的「行茶」，指的並不是茶葉的粉末，而是禮品。《東大寺要錄》[17]中記載：「僧侶行基德高望重，在諸國四十九處廣建堂宇的同時，也種下了茶樹，為的是要普渡眾生」。行基走遍諸國，總共搭建了六座橋，十五座池塘等，同時也對東大寺大佛的創建作出了很大的貢獻。雖然無法確認行基將茶樹種在哪些地方，不過一般普遍認為，就是從行基的時候開始了茶的栽種。西元八〇五（延曆二十四）年，在越州[18]的龍興寺學習密教的留學僧最澄（傳教大師），也從中國帶回了茶葉。

到了平安時代，宮中設有「典藥寮[19]」來管理茶園。當時的宮中儀式會以茶代酒，僧侶在讀經的時候也會獲賜茶。據說，當時會在茶當中加薑或鹽等，經過調味

16 中國古代的百科全書。共分十九卷。
17 東大寺的日誌。
18 現在的紹興一帶。

後飲用。

禪僧榮西傳回來的綠茶和「茶寄合」

將中國的茶種、製茶法、喫茶法傳進日本的人是留學南宋的禪僧榮西（西元一一四一年至一二一五年），這些也成為了日後「茶道」的基礎。榮西所傳進來的茶被認為不但可以擊退禪的修行中經常現身的睡魔，還可以促進健康，因此被當作為時尚的飲品受到民間歡迎。唐朝的「團茶（製成圓餅狀的茶葉，喝的時候用刀切削使用）」時代已經結束，榮西造訪的南宋，飲用的茶是用臼磨成粉的抹茶。飲茶方式也從團茶法演變成綠茶的點茶法[20]。由於抹茶非常重視飲茶的儀式，因此可說是表現禪宗寺院精神的重要元素。

備中（現在的岡山縣西部）出身的榮西，少年時代在比叡山學佛，在他二十八歲（西元一一六八年）的時候為了追求更高的佛法而遠渡南宋。宋朝的首都開封在西元一一二七年被金攻陷，遷都臨安（現在的杭州），榮安留學的時候正好碰到這段中國華北地方被北方民族占領的動盪時期。

榮西雖然在中國的天台山和育王山學習佛法，但留學的時間非常短暫，馬上就回到了日本。到了西元一一八七年，四十七歲的榮西再度遠渡南宋，在天童山學禪約五年的時間，之後帶著茶和醫藥品，搭宋船回到了平戶，當時的榮西已經五十一歲。

榮西將帶回來的茶，種在筑前（現在的福岡縣北西部）的脊振山上，據說這就是茶普及於日本社會的開端。榮西在西元一一九九（正治元）年來到了鎌倉，為源賴家[21]皈依。隔年建造了壽福寺，二年後又在京都開創了建仁寺，推廣禪和茶的文化。根據流傳，鎌倉幕府三代將軍源實朝在宿醉的時候會喝茶來醒酒。

西元一二一一年，榮西七十一歲的時候寫了《喫茶養生記》一書。書的一開始就寫道：「茶乃養生之仙藥，延年益壽之妙方。茶若生於山谷中，其地則靈，人若

19 掌管醫療、藥物的單位。
20 將茶粉直接放入茶盞中以水注點，並用調茶工具的茶筅或茶匙攪拌後飲用。
21 鎌倉幕府二代將軍。

飲之，人壽則長」。

位於京都栂尾的僧侶明惠，從榮西那邊得到茶的種子後，積極在山城和宇治栽培茶葉。這也是宇治茶的起源。

禪僧非常盛行喝茶，漸漸地，武家和貴族也興起了喝茶的風潮，非常流行舉行茶會。當時的茶會學習宋朝鬥茶[22]的文化，以遊戲比賽的形式來品評茶的風味，通常是與酒宴一起舉行。

根據《喫茶往來[23]》記載，酒宴一開始先飲酒三杯，接著享用簡單的料理與茶、山珍海味與飯、水果等，最後用茶來一決勝負，遊戲結束之後再繼續喝酒。

改變日本飲食文化的「茶之湯」

「茶之湯」共有兩種，分別是用茶筅[24]調茶的「抹茶」和將茶葉放進茶壺浸泡出味的「煎茶」。不過現在一般說到「茶之湯」指的都是前者。

抹茶的泡茶方式是在鎌倉末期由禪僧從宋朝帶進日本，當時尚未普及。等到從京都近郊到東海地區等大範圍地方都開始栽種茶葉之後，一種模仿「鬥茶」，名為「茶寄合（茶歌舞伎）」的遊戲盛行，人們也才漸漸開始流行喝茶。所謂的茶寄合指的是，在吃過簡單的料理並喝過酒之後，人們開始品茶並猜測茶產地和品種的一種遊戲，答對最多的人可以贏回當作「賭注」的物品。「茶寄合」屬於上層階級中比較低俗的遊戲。

然而，西元一四六七年發生應仁之亂（至西元一四七七年為止），戰火把京都幾乎燒成一片廢墟，人們心中倍感絕望，世間興起無常觀，這也改變了「茶之湯」的型態。在一片蕭條之中，人們開始追求精神層面的寄託，這個風氣讓茶寄合的文化有消退的趨勢，取而代之的是與禪宗精神相近的喫茶文化。

應仁之亂之際，八代將軍足利義政辭去將軍一職，從西元一四八二年起花了約

22 屬於點茶法。以杯面的湯花、色澤和水痕出現的時間早晚來評定茶的好壞。

23 室町時代初期，一本有關茶會和喫茶知識的書籍。

24 將竹子精細切割成六十至一百二十枝細穗的調茶工具。泡茶時，先將茶粉盛入茶碗，加入熱水後再用茶筅攪擊茶粉與水，使之產生泡沫。

七年時間建造的臨濟宗慈照寺[25]（俗稱銀閣寺），也終於完成。重視閒雅的東山文化就此成形，而當中占有中心位置的就是「茶之湯」文化。

足利義政在東山殿積極舉辦茶會，這也點燃了「茶之湯」的流行之火。奈良稱名寺的僧侶村田珠光參與了足利義政舉辦的茶會，並開始對「茶之湯」作出規範，進而制定出了喫茶的禮節（茶禮）。將茶室基本的尺寸規定為四張半塌塌米大小的也是村田珠光。這同時也是重視寂靜枯淡的「東山殿侘茶」的開端。

之後，珠光的直系弟子武野紹鷗繼承了「茶之湯」文化，到了天正年間（西元一五七三年至九二年），武野紹鷗的弟子千利休將「茶之湯」集大成，確立了今日的「茶之湯」文化。千利休主張避免突然一口氣喝濃烈的茶，並將「茶之湯」與宴客的懷石料理結合。由於「茶之湯」的文化盛行，也帶動了「點心（茶點）」受到重視。

雖然禪僧除了喝抹茶以外也有喝煎茶的習慣，但煎茶的茶禮卻要等到江戶時代才逐漸形成。江戶時代初期在京都建造詩仙堂的石川丈山，以及有煎茶中興祖之稱的賣茶翁，這兩個人的出現，煎茶道才得以完成，為今日的庶民喫茶奠定基礎。

3 懷石料理與點心

與「茶之湯」結合的懷石料理

室町時代的八代將軍足利義政創造了東山文化，而茶道是當中最具代表性的文化。茶道不僅普及了喝茶的文化，更創造了懷石料理這個新的料理領域。「懷石」指的是簡樸的料理，名稱由來源自修行僧放在懷中用來溫暖腹部的溫熱石頭。

宋代文人蘇東坡曾將懷石料理當作「點心（取代正餐的簡單餐點）」招待佛印禪師，而這也正是懷石料理的起源。禪僧將這種禪宗寺院的簡樸料理和茶一起傳進了日本。

最早的懷石料理是僅有一湯二菜或三菜的簡樸料理，使用的食膳也是非常樸素

25 禪宗五大流派之一。

且沒有腳的「折敷（oshiki）」四角盆。在茶道融入懷石料理之後，料理不再僅僅講求簡單，用心且講究的菜色也愈來愈多。

禪宗料理完全是移植中國料理而來，講求「三德六味」。「三德」指的是輕軟、淨潔、如法的口感，而「六味」指的則是苦、酸、甜、辣、鹹、淡的六種味道。日本藉此引進了非常重視調味的中國飲食觀念。

應仁之亂後的虛無感和無常觀，迫使人們重新審視自己的日常生活。從戰火峰連的苦難之中，人們開始懂得欣賞日常生活的美好。料理的視覺、嗅覺、味覺以及聽覺等各方面經過洗練，人們開始逃避地埋首於興趣之中，追求外表美觀且風味獨特的東西。懷石料理不再是素食料理，也加入了魚、禽類等肉類元素。

到了安土桃山時代，社會有了轉變，在新興抬頭的武士勢力之間，華麗的「茶道」被認為是身份地位的象徵。懷石料理也從樸實的料理轉變為奢侈使用珍貴食材的大名料理[26]。懷石料理經過不斷地蛻變，漸漸地成為了日本料理的主流。

耶穌會傳教士路易斯．弗洛伊斯在織田信長時代來到了日本，在他所著的《日本史》當中關於懷石料理的敘述如下：

「日本的土地貧瘠，食物也稱不上美味，不過其服務、秩序、清潔以及器皿卻值得無比的讚賞，恐怕再也找不到可以與其媲美的盛宴了。參與筵席的人數雖然眾多，但卻完全聽不到侍者的交談聲，筵席上寂靜地令人驚訝。」

路易斯．弗洛伊斯似乎不是對料理本身，而是對筵席的型態感到震驚。雖然筵席非常格式化且重視秩序，但對當時的人而言，這仍然是一個可以享受美食的愉快場合。

「點心」改變了日本的飲食習慣

日本古代的飲食習慣是一日兩餐。貴族是在接近中午時刻才吃早餐，到了現在所說的下午四點左右吃晚餐，而庶民也只吃早餐和午餐，不吃晚餐。然而，隨著禪僧將懷石料理帶進日本，受到懷石料理中「點心」的影響，貴族和武士養成了吃點

26 專門用來宴客的高級料理。

心的習慣，一日兩餐也漸漸地演變成為一日三餐。

禪僧傳進日本的「點心」原本指是一點小心意，也就是一些簡單的料理。但這個意思漸漸轉變為早餐前墊肚子的小餐點，到了元朝，點心變成了零食的代名詞。《貞丈雜記[27]》中記載，「朝夕膳食之間食用的烏龍麵或麻糬稱之為點心，現在又被稱為中間食或休憩食」。由此可知，當時的人在餐與餐之間會吃被稱作「中間食」或「休憩食」的點心。另有一說，日本戰國時代，戰火瀰漫，武士們為了儲存體力才改成一日三餐。

點心與懷石料理、茶之湯結合，不僅對日本的飲食文化帶來巨大的影響，烏龍麵、麵線等麵食，以及豆腐、麵麩、饅頭等點心也因此普及民間，庶民的飲食文化也產生了變化。到了江戶時代中期，油菜籽油價格逐漸下降，再加上有人在晚間工作，因此一般民眾也開始吃晚餐，一日三餐也漸漸變得普遍。

4 豆腐的活躍發展

乳酪的代替品——豆腐的普及

豆腐是懷石料理中主要的食材，在傳入日本之後，隨著時間漸漸地成為了日本料理中扮演重要角色的食品。關於豆腐的起源，一般認為，淮南王劉安是豆腐的創始人。劉安是西漢創建者劉邦的孫子，著有《淮南子》。

然而，飲食文化研究者篠田統卻否定了這個說法。其理由有二。第一，《淮南子》當中，「肉販的豆汁」這個詞彙與「染房的白袍」擁有相同的意思[28]，且當中完全沒有出現「豆腐」二字。第二，要等到五代的後晉至宋朝前期，當時的官吏陶穀所著的《清異錄》當中才首度出現「豆腐」二字。如果從此一觀點看來，豆腐是

27 伊勢貞丈所著的雜記，分為禮儀、膳食、刀劍等三十五部。伊勢貞丈是江戶時代武士，為室町幕府執事伊勢氏的後裔。

在奈良時代傳進日本的這一個說法也就有誤。

根據篠田統的推測，豆腐是世界史影響下的產物。也就是說，從魏晉南北朝至唐朝為止，中國受到北方遊牧民族的統治，文化上也受到遊牧民族文化的影響。當時，遊牧民族從羊乳或牛乳所製造出的乳酪開始普及。乳類只要遵照一定條件保存，乳糖就會發酵成乳酸，乳酸又會凝固乳類當中的蛋白質，如此一來就可以得到乳酪。這在中國稱為「乳腐」。如前章所述，唐朝視乳製品為非常珍貴的食物。

唐朝衰退之後，遊牧民族文化發展退步，中國傳統文化的勢力重新獲得重視。乳酪也變得愈來愈難入手。這時候人們開始製造乳酪的代替品。

豆腐的製造過程是先將大豆泡水後攪爛，經過熬煮後榨出豆漿，再加入鹽滷（氯化鎂）或石膏（硫酸鈣）凝固。在豆漿中加入鹽滷或石膏的這個想法是製作豆腐的關鍵。根據阿部孤柳以及辻重光所著作《豆腐的書》所述，當時的人是為了調味，所以在豆漿中加鹽，沒想到豆漿的一部分竟然起了凝固作用，成了軟嫩的固體狀。當時的鹽是粗鹽，當中含有許多不純物質，這反倒成了發明豆腐的助力。人們在思考豆漿為什麼會凝固的時候，發現了鹽的副產物鹽滷（海鹽）和石膏（岩鹽）

的存在。

西元一一八三年奈良春日大社祭司的日記當中提到豆腐，這是日本的文獻中第一次出現「豆腐」二字。根據篠田統的說法，到了十四世紀，關於豆腐的記載激增，從中可以明顯看出由禪僧傳進來的素食料理與豆腐之間有密切的關係。

順道一提，在製造豆腐的時候，必須先將泡過水的大豆攪爛，這也代表了當時的石臼已經十分普及。

除了豆腐以外，豆腐皮和在中國被稱為油皮的新鮮豆皮等也都被當作是料理的重要食材。新鮮豆皮是在熬煮豆漿的時候表面所形成的一層薄膜，京都非常盛行製造，是素食料理中不可或缺的食材。然而，中國其他的豆腐製品，例如豆腐乾、豆腐乳等卻沒有一起傳進日本。

28 兩者皆為「為人作嫁」的意思。

由豆腐料理大變身而來的關東煮

日本人冬天最愛吃的就是關東煮（oden）。Oden是「田樂（dengaku）」的正式稱呼，代表尊稱的「o-dengaku」省略後成了「oden」。關東煮這種料理的轉變過程非常有趣。

關東煮的祖先是田樂，最初是一種豆腐料理。田樂是田樂燒或田樂豆腐的簡稱，是將豆腐塗上味噌之後再經過燒烤的料理。這個料理名稱的由來是，在播種祭典上，田樂法師[29]會穿上白袍配黑色與茶色的外衣，騎著名為「高足」的竹馬跳舞。由於用竹籤串豆腐放在圍爐上燒烤的料理與田樂法師的身影相似，因而得名「田樂」。田樂同時也是指播種祭典上會跳的一種舞蹈。

田樂是用竹籤串切成四方型的豆腐，再把豆腐插在圍爐火爐上燒烤，最後沾辣味味噌享用的料理。順道一提，將魚塗上味噌去燒烤的料理則被稱為「魚田」。

田樂被當作餐間點心或茶點享用，到了江戶時代的寬永年間（西元一六二四年至四四年），一般的茶店也開始販賣田樂。到了元祿時代，田樂經過「重組」，蒟蒻取代了豆腐成了田樂的主角。這是因為有人發現將蒟蒻像豆腐一般加熱後塗上味噌非常美味，所以出現了蒟蒻田樂。

之後，田樂出現了更大規模的「重組」。蒟蒻田樂的吃法轉變為用竹籤串蒟蒻，水煮之後再塗上味噌。這與蒟蒻的特性有關，漸漸地，「水煮」取代了「燒烤」。

到了文化、文政、天保年間（西元一八〇四至四四年），熬煮的時候，除了蒟蒻之外，還會放進其他不同的食材，水煮田樂（簡稱oden）就此誕生。在蒟蒻取代豆腐之後，田樂又經過幾次進化重組，漸漸地失去了原有的型態。

當然，所有的進化都不是一夕之間完成，最初的蒟蒻田樂是將蒟蒻放在熱石上，去除多餘的水份之後，再塗上味噌享用。

「水煮田樂」是田樂的湯版。從室町時代開始人們就有喝味噌湯的習慣，之後，隨著醬油的普及，人們也開始喝用醬油調味的湯。以這些變化多端的湯品為基

29 進行與農作相關表演的人。

礎，到了安土桃山時代，人們會在湯內放白蘿蔔、牛蒡、豆腐、番薯、筍子以及魚類等，成了「綜合湯」。而這種「綜合湯」與蒟蒻田樂的結合，就成了關東煮（oden）的起源。

江戶幕府末期由寺門靜軒所著的《江戶繁昌記》當中記載，江戶到處都可以看到販賣關東煮的店。根據記載，愛宕山週邊的繁華街道上有一間「四文屋」，大鍋裡熬煮著用竹籤串著的番薯、豆腐等，一串賣四文錢。

經過熬煮的田樂是江戶地區的特產，為了與關西出產的傳統田樂做區別，因而被稱為「關東煮」。漸漸地，這種經過熬煮的田樂也傳到關西，也加入了更多不同的食材，成為了宴客的料理。西元一九二三（大正一二）年關東大地震之後，關東煮又再度傳回東京，廣受一般民眾喜愛。從田樂轉變為關東煮的過程可說是非常曲折離奇，這也是料理經過「重組」後變身成為另一種完全不同料理的有趣例子。

懷石料理中的重要食材——「麵麩」

「麵麩」與豆腐同樣是從中國料理移植到懷石料理的食材。日文「麩」的發音與中文相似，漢字也相同。從中可以看出，「麵麩」是從中國傳進日本的食材，經由禪宗寺院普及民間。

「麵麩」這個新傳進日本的麵粉加工品，其製法如下。在麵粉內加入百分之一的鹽後揉成麵團，將麵團裝進布袋後在水中不斷揉洗。如此一來，澱粉分離溶於水，麵團只會剩下蛋白質（麩質）。把這種麵團拿去蒸之後就可以得到「生麩」。麵團再加一點麵粉後經過烘烤就是可以長久保存的「烤麩」。

唐朝有一種加了油的加工食材——「麵筋」。而麵麩被認為是為了使用在素食料理上從麵筋演化而來的食材。「麵麩」的製法在室町時代傳進日本，成了懷石料理中重要的食材。至於「麵麩」本身傳進日本的時期，則有平安時期和鎌倉時代的兩種不同說法。

「麵麩」是素食料理的食材，因此當初僅用在佛教活動時吃的料理上。漸漸地，人們發現麵麩具有良好的保存效果，因此麵麩與熬煮豆漿時表面產生的新鮮豆皮、湅豆腐以及乾香菇並稱「乾貨四天王」。

江戶時代中期的《和漢三才圖會》[30]當中介紹，「麵麩」具有解熱、驅除體內寄生蟲的功效，但由於不容易消化，所以不適合腸胃弱的人食用。「麵麩」的名產地多在禪宗寺院集中的京都，尤其是十四世紀初建造的臨濟宗大德寺派總寺——大德寺的大德寺麩特別有名。

5　味噌湯和芝麻

鶴肉是味噌湯料的第一選擇

味噌是古時候的調味料，從平安時代開始就廣為利用。承平年間（西元九三一年至三八年）的著作《和名類聚抄》[31]（源順著）中記載：「末醬又稱高麗醬，指的是美蘇（味噌）。俗語稱味醬，原應寫作末醬。『末』含有搗末（粉末）的意思。『末』誤傳成『未』，又演變成『味』」。

味噌是醬的一種，除了味噌之外，還有以米、麥為原料的中國唐醬，以及以大豆為原料的高麗醬。不論是哪一種醬，基本上都被當作食品的沾醬使用。

味噌的製作漸漸普及民間。日本成語中有一句「手前味噌」，與中文的老王賣瓜，自賣自誇意義相近。成語起源於「向人自滿的自製味噌」。由此可以看出味噌製作方式簡單，只要有麴就可以輕鬆製作味噌，每一個地區或家庭都可以製作出獨特風味的味噌。隨著味噌成為一般人生活中的一部分，人們也開始飲用「味噌湯」，這也確立了味噌是調味料的地位。

人們是從室町時代開始飲用味噌湯，這對懷石料理造成很大的影響。味噌對

30 一七一二年出版的日本百科全書。
31 平安時代中期的辭典。

口味樸素的懷石料理而言是非常貴重的食材，獲得極高的評價。味噌的禮貌稱呼為「omiotsuke」或「otsuke」。「o」和「mi」都是前綴詞。因為人們會把飯沾（tsukeru）味噌食用，所以把味噌稱為「otsuke」。另一說法指出「omi」是近代禮貌稱呼味噌的女性用語。

室町時代最受歡迎的味噌湯料是鶴肉、鵝肉、蒼鷺、鵪鶉等鳥類，以及貉（狸）、納豆、菊花葉等。隨著味噌愈來愈美味，也有越來越多存在於自然界的豐富食材被用在料理之中。

有趣的是，當時被認為最美味的味噌湯是鶴肉味噌湯。在湯中加入土當歸，再灑上柚子來消除腥味。

「味噌湯」的應用性高，其方便性讓味噌湯成了一般民眾餐桌上最受歡迎的湯品，是重視湯品的日本料理中重要的一品。

谷崎潤一郎所著的《陰翳禮讚》當中有一段關於味噌湯的敘述：

「例如我們每天早上喝的紅味噌湯，從湯的顏色中就可以推斷，這是以前流行在燈光昏暗人家中的味噌湯。一次茶會中，有人招待我喝紅色的味噌湯，平常沒有多想就飲用的紅味噌湯，在微弱的蠟燭光下，黑色的湯碗襯托出湯色，非常具有深度且看起來美味無比」。

芝麻與素食料理一起傳進日本

傳統的日本料理是以「水」為基礎。相對於日本料理，中國料理的基礎則是「油」。自從禪宗寺院開始食用名為懷石料理的素食料理之後，日本料理也開始使用食用油。芝麻、油菜籽、大豆、榧木葉以及山茶花都是食用油的原料。由於素食料理使用的是熱量低的植物性食材，因此油成為了不可或缺的能量來源。

芝麻的原產地為非洲。中國在西漢武帝時派遣了張騫前往西域，張騫從大宛（費爾干納盆地）帶回了芝麻。芝麻又寫作「胡麻」，「胡」是中國北方一帶，因此胡麻指的是從北方帶回來如「麻」一般的植物。

芝麻到了宋朝被當作是健康食材。宋朝最具代表性的文人蘇東坡曾在著作中記述，只要每天吃黑芝麻就可以長壽，並且有返老還童的效果。受到這種風氣的影響，禪宗寺院也非常流行使用芝麻。

為了製造芝麻油，就必須使用杵和臼來搗碎芝麻，而杵和臼被認為是在十四世紀由中國傳進日本禪宗寺院。日文中「搗芝麻」代表為了獲得個人利益而去討他人歡心的拍馬屁行為，而拍馬屁的人又被稱為「搗芝麻坊主[32]」。從這些俗語當中也可以看出當初搗芝麻取油的文化是從禪宗寺院開始的。

起源於非洲的芝麻

西非尼日河流域的草原地帶盛產「芝麻（英文稱sesame，法文稱sésame）」，經過不同的貿易通路傳到了歐亞大陸。雖然知道的人不多，但芝麻是起源於非洲的植物。

一開始，人們將芝麻當作是一種穀物，也會吃芝麻葉。之後發現，芝麻富含亞麻仁油酸和蛋白質，含油率高達百分之四〇至五五，經過拌炒後可以榨出最上等的油脂。芝麻油的營養價值高且不易氧化，另外具有高韌性、香氣十足以及容易精製等多樣優點，是非常珍貴的食材。現在的日本也非常盛行食用芝麻油。

芝麻是在很久以前就傳到了西亞和印度。英文sesame的語源來自於最先統一美索不達米亞的亞述人。從亞述語中的samssamu衍生出的希臘語sēsamon, sēsámē，正是英文sesame的來源。古代埃及很早以前就有芝麻的小點心，而印度河流域文明也被認為從很早以前就開始食用芝麻。由於芝麻油擁有潤滑皮膚的功效，因此以前的人會把芝麻油與香料調和使用，這可說是芝麻油令人意想不到的功能。將凱薩大帝和安東尼奧這兩大羅馬英雄玩弄於股掌之間的埃及皇后，據說就是將芝麻油塗滿全身來保持肌膚的年輕美麗。現在，從白芝麻提煉出的白麻油也被當作是護髮劑使用。

32　日文原文分別為「ゴマすり」和「ゴマすり坊主」。而「坊主」指的是僧侶。

6 醬油、昆布與柴魚

醬油是味噌的副產品

醬油是從味噌衍生出的調味料。「油」的字義是「液體」，因此醬油指的是「液體的醬」。早期的醬油是將熬煮大豆的醬汁用小火收乾而成的濃縮調味料。

中國從東漢末期至宋朝為止，都將醬油稱作「醬清」或「醬汁」，指的是從味噌滲出來的湯汁。由此可知，當時的醬油不過是製造味噌時會產生的副產品。中國要等到明、清之後才將醬油視為一種獨立的調味料。

醬油原本是累積味噌的湯汁而成的調味料，因此在日本又被稱為「tamari醬油」[33]。鎌倉後期的西元一二五四年，前往宋朝修行的信州禪僧覺心，在浙江的名寺徑山寺內習得了徑山寺（金山寺）味噌的製作方式。拌炒過的大豆加大麥麴、食鹽、切絲的鹽漬黃瓜、茄子、大麻籽、紫蘇以及生薑等，醃漬十個月經過熟成後就可以得到徑山寺味噌。

覺心在紀州的湯淺教導村民味噌製法的時候，偶然發現桶子下面累積了許多的醬汁，這成為製造「tamari醬油」的開端。現在愛知、三重、岐阜等三縣都還有在製造遵循古法的tamari醬油。等到日本戰國時代中期，才正式採用先製造醬，再榨成醬油的方式製作醬油。

西元一五九七（慶長二）年的《易林本節用集[34]》是最早出現有關醬油記載的文獻。醬油被認為是在經濟成長快速的室町時代，由於市集的數量增加，且醬油的釀造技術進步，進而慢慢普及一般人的日常生活當中。

隨著醬油的普及，魚的吃法也出現了變化。從古代切成細絲、名為「鱠（namasu）」的醃漬魚肉，漸漸演變成切成大片的生魚片。順道一提，nama指的是「生食」，而su是「醋」，因此以前的鱠是將生魚肉切成絲後沾醋吃的料理。

33 Tamari在日文有「累積」的意思。
34 類似現在的辭典著作。

「生魚片」的出現不但改變了魚肉的切法，也因為醬油所含有的鹽味，可以凸顯魚肉的鮮甜，因此使用醬油作沾醬，可以享受到魚肉原本的美味。隨著醬油的普及，以日本固有的醬油為主的飲食文化也就此誕生。順道一提，生魚片是在室町時代的西元一四四八（文安五）年，首次出現在日本的文獻當中。

生魚片文化的蓬勃發展

日本到鎌倉時代為止，都認為比起海魚，河川的魚才是上乘的食材。正如同吉田兼好所著的《徒然草》[35]當中有關鯉魚羹的記述，鯉魚在當時被認為是非常優秀的食材。要等到近代，鯛魚才取代鯉魚被認為是珍貴的食材。

日本料理被認為「視覺」因素是料理中很重要的成分，這與刀工技術的發達和生魚片有很大的關聯。精緻且種類豐富的魚類，配合精細的刀工，展現出美妙的視覺效果。順道一提，在室町時代生魚片出現之前，中國同樣是將生魚沾醋食用。經過精美切割的生魚片日文又被稱作「tsukurimi」。現在在關西，生魚片又被稱作

「otsukuri」，這其實是生魚片最早的名稱。生魚片雖然看似簡單，但醬油以及白蘿蔔、海藻類等配菜都扮演著重要的角色。藉由在盤子上創造高度的「ken（白蘿蔔）」、放在一邊的配菜「tsuma（海藻類）」以及增添辛辣口味的「wasabi（芥末）」，整盤料理才得以取得完美平衡。

漸漸地，「tsukurimi」也出現了許多不同的種類，同時也會在盤子插上魚尾來標明魚的種類，這也是生魚片（刺身）名稱的由來[36]。另有一說是，在切生魚片的時候會使用一種名為「刺刀」的細刀，因此得名「刺身」。

江戶時代中期的江戶地區，上流社會的人不吃生魚片，庶民吃的生魚片也僅限於鰹魚、比目魚以及河豚，由此可知，生魚片花了一段很長的時間才漸漸普及。

35 日本隨筆散文的代表作之一。與清少納言的《枕草子》和鴨長明的《方丈記》並列日本三大隨筆散文。

36 生魚片的日文為「刺身」。「刺」是插的意思，而「身」是肉。將魚尾插在裝有魚肉的盤子，這種擺盤方式就是刺身這個名稱的由來。

奠定日本味的柴魚與昆布

今日日本料理高湯的基礎就是柴魚與昆布的組合。麩胺酸和肌苷酸的相乘效果創造出了絕妙的日本味。這種日本料理口味的基礎誕生於室町時代。室町時代的本膳料理[37]，其奢華的程度，是鎌倉時代無法媲美的。柴魚與昆布的高湯就出現在將軍等貴族階層的飲食當中。

鎌倉時代與室町時代的料理，最大的不同在於高湯。而高湯最大的差異就在柴魚與昆布。

室町時代，京都與蝦夷地（北海道）的交流頻繁，在京都到處都可以看到昆布的身影，昆布成為新的調味基礎。昆布又被稱為「廣布」或「夷布」，指的就是蝦夷地的海草。「昆布」的名稱來自愛奴族語，從平安時代就開始使用這個名稱。

鰹魚是乘著黑潮沿太平洋岸北上的魚，日本從古時候開始就將鰹魚乾燥後使用。根據《延喜式》記載，紀伊、志摩、駿河、伊豆、相模、安房、土佐、豐後以及日向各地都曾進貢鰹魚給朝廷。《大寶令》和《延喜式》都將鰹魚乾記載為

「堅魚」，「堅」有堅固的意思。隨著時代的演進，「堅魚」才漸漸地演變成「鰹魚」。

由於當令食材的捕獲期有限，而且很容易腐壞，因此如何保存就成了很大的問題。而鰹魚經過乾燥後，成為了保存性高的優秀食品。鰹魚原本的意思就是經過乾燥的魚。除了鰹魚之外，鮭魚同樣也是經過乾燥後保存。北海道名產「冬葉（topa）」就是繼承愛奴族文化而來的鮭魚乾，由於保存性佳，到現在都非常受到大家的喜愛。

為了運送蛋白質來源給內陸地區，鰹魚經過乾燥後，在運輸上也非常方便。到了奈良時代，人們會將鰹魚肉熬煮後再曬乾，這是柴魚最原始的型態。「煮堅魚」、「堅魚煎汁」等文字也都曾出現在《延喜式》當中。然而，到了平安時代，突然完全沒有任何有關鰹魚的記載，這與鰹魚始終沒有登上貴族餐桌有關。

37 傳統的正式日本料理，非常重視禮法。現在在婚喪喜慶以及祭典宴會等正式場合上還可以看到本膳料理的身影。

到了室町時代，鰹魚終於以「鰹節（katsuobushi）」，這個名稱再度登場。關於這個名稱的由來眾說紛紜，有人說是從煙燻（ibusu）鰹魚而來，也有人說，因為「鰹節」是將鰹魚切成一節一節之後曬乾製成，因而得名。到了戰國時代，由於鰹魚的日文與「勝魚」同音，因此被認為是吉祥物而受到武士們的青睞，和醃漬梅子同樣成為了重要的軍糧。另外，鰹魚也是拯救饑荒的食品。

江戶時代，人們正式將柴魚當作重要的調味料使用。致力於製造柴魚的人，不用說，當然是非常熟知鰹魚的漁民們。根據記載，最早的柴魚是在西元一六七四年，由紀州的漁夫甚太郎將在土佐近海捕獲的鰹魚帶到土佐的宇佐浦加工而成。在經過土佐與市的改良之後，發展出現在柴魚的製作方式。鰹魚不論是以前還是現在，高知地區都是知名的產地。

7 從點心演變而來的什錦燒[38]和饅頭

什錦燒是從可麗餅來的

正當千利休將「茶之湯」集大成的時候，受到重用的點心（茶點）是「烤麵麩」。有趣的是，有人認為原本是「茶之湯」茶點的「烤麵麩」，經過重組之後，就成為現在具代表性的庶民料理「什錦燒」。另有一說是認為鎌倉時代的烤捲餅才是什錦燒的祖先。

將麵粉加水調成麵糊後薄薄地攤在經過預熱的鍋子上，塗上味噌之後再捲成春捲般的細長食品就是「烤麵麩」，可說是日式可麗餅。千利休似乎對「烤麵麩」情有獨鍾，在著作《利休百會記》記載的八八次茶會中，「烤麵麩」總共登場六十八

38 也就是現在所說的「大阪燒」。

|什錦燒|

將麵粉加水調成麵糊後，再加入蔬菜、海鮮或肉等其他材料，於鐵板上燒成煎餅。

次，勝過其他所有茶點。

到了江戶時代，市面上開始販賣在烤麵麩中包餡料的「助惣燒」，成為了江戶地區著名的點心。另一方面，文字燒（mojiyaki）也非常流行，現在的東京文字燒（monjayaki）就是由當時的文字燒演變而來。

從明治到大正時代，「文字燒」演變成了「冬冬燒（dondonyaki）」。這種扁平形的食物廣受庶民的歡迎，更由於這是一種與遊戲結合的小吃，因此不論男女老少都非常喜愛。

受到世界恐慌的波及，發生滿州事變的昭和六年至七年[39]是一段非常黑暗的時期，這時候冬冬燒在東京的花柳世界中非常盛行。準備一公尺四方的鐵板和炭火爐，在麵糊上放不同的餡料來享受變化多端的口味。庶民料理中最具代表性的什錦燒就是在這個不景氣的情況下於東京誕生。

第二次世界大戰之後，什錦燒受到大阪商人的注目，將什錦燒移植到大阪。什

39 西元一九三一年至三二年。

錦燒似乎非常符合大阪的風土民情，隨即受到大阪民眾的喜愛，現在已經成為大阪最具代表性的庶民料理之一。什錦燒後來又傳到廣島，份量更為豐富。之後，什錦燒再度流行回關西，成為了屹立不搖的庶民料理。

東京的文字燒是在朝鮮戰爭[40]的時候才又再度受到重視。相對於關東風的文字燒是將餡料拌進麵糊中燒烤，關西風的什錦燒是在麵糊上放各種各樣豐富的餡料後燒烤。

饅頭與「三國志」的諸葛孔明

「饅頭[41]」是日本具代表性的甜點，是禪僧從宋朝傳進日本的「點心（茶點）」。「曼」含有「包覆」的意思，饅頭廣義指的是在麵粉做的麵皮當中包進餡料所製成的食物。禪僧將麵粉文化帶進日本，而饅頭也是當中具代表性的一項食品。

饅頭的起源非常古老，一般認為與《三國志》當中的諸葛孔明有關。蜀國的諸葛孔明在征討孟獲凱旋歸國的途中突然遇到大風雨，害得孔明一行人無法過江。不知所措的孔明向當地人討教，當地人告訴他，必須獻上四十九人的首級才能化解水神的怒氣。孔明聽完之後覺得無法犧牲這麼多人的生命，因此將羊肉和豬肉剁碎後包在用麵粉做的麵皮裡面，在向水神祈求之後將這些饅頭丟進了河裡。之後，大風雨突然平息，孔明一行人也得以順利渡江。

因為有這一個由來，因此饅頭當初被寫成「饅首」，漸漸地，「首」才被具有相同意思的「頭」取代，成了「饅頭」。

麵粉製品當中，有些麵團經過發酵，有些則沒有。歐洲的麵包，其麵團就是經過發酵。在中國，隨著時代演進，饅頭的製法也開始改變，採取在饅頭的麵團當中加入麴，經過發酵之後再「蒸」熟麵團的製法。與麴的結合，就是饅頭演進的開始。

40 西元一九五〇年六月二五日至一九五三年七月二十七日發生的南韓與北韓之間的戰爭。
41 日本的「饅頭」指的是在麵粉做的外皮中包進紅豆餡等餡料後蒸煮而成的和菓子。

日本的饅頭使用的是用來釀造日本酒的「散麴」。散麴是將蒸過的米放在室溫下，經過一段時間就會自然產生的一種麴。

關於饅頭傳進日本的由來有兩種說法，兩種都與留學中國的禪僧有關。其中一說是在西元一二四一年，由從宋朝歸國的聖一國師帶進日本。聖一國師留學宋朝，將麵類、茶以及饅頭等帶回日本。日本的饅頭以紅豆餡取代肉餡，這個技術是聖一國師傳給位於博多的茶屋主人之後開始廣為流傳。這與風靡日本全國的「虎屋饅頭」[42]屬於同一個體系。

另外一說則是，西元一三四九年日本南北朝時代初期，京都建仁寺的龍山禪師從中國留學歸國，與他一起來到日本的中國佛教徒林淨因就是首先將饅頭帶進日本的人。林淨因是知識份子，與留學臨濟宗總本山的龍山禪師有很深的淵源，一般認為，林淨因是因為不滿當時蒙古人的統治，所以才會來到日本。他之後定居奈良，與日本女性結婚後開始製造饅頭，這被認為是奈良饅頭的起源。

之後，林淨因的子孫為了研究甜點而遠渡明朝，回到日本後定居三河國的鹽瀨村。隨後又上京，在京都的烏丸開了一家饅頭專賣店。這就是「鹽瀨饅頭」的起源。最初日本的饅頭並不像現在是甜的，而是被當作「菜餚」享用的鹹饅頭。鹽瀨饅頭後來在江戶的靈岸島也有店鋪。到了明曆、萬治時期（西元一六五五至六一年），紅豆餡取代了鹹的餡料。江戶時期非常流行吃饅頭，最有名的是傳馬町的鹽瀨饅頭和本町的鳥飼和泉饅頭，這兩種饅頭都是以皮薄餡多知名。林淨因死後被稱為淨因命，並被供奉為和菓子的祖師爺。

8 羊羹和外郎糕有趣的起源

羊羹起源於羊肉羹

室町時代，透過禪宗，許多點心傳進了日本。在《庭訓往來[43]》當中，共有

42 在日本擁有將近四百年歷史的和菓子製造商。

三十種點心登場，其中包括羊羹、豬羹、驢腸羹、月鼠羹、駱駝蹄等以羊、豬、驢、鼠、駱駝等動物命名的點心。根據推測，這些點心當初都是使用動物的肉製造，後來才被紅豆等植物性食品所取代。

羊羹是日本具有代表性的和菓子之一，根據字面的意義可以看出，當初的羊羹是羊肉羹（湯品）。《唐書》當中紀載：「洛陽人家每到重陽就會製作羊肝餅」。從中可以看出，唐朝每逢重陽節，人們就會賞菊來慶祝，而在這個節慶吃的就是羊肝餅。雖然無法確認羊肝餅或羊羹原始的面貌為何，但可以確定的是，唐朝受到遊牧民族文化的影響，羊的肉和肝被認為是非常珍貴的食材，進而可以推斷，當時的人有吃羊肉的習慣。而隨著時代演進，羊肉漸漸被其他的食材所取代。

羊羹透過禪僧傳進日本。根據推測，當時日本的羊羹是將植物性的食材做成羊肉丸的樣子，蒸過之後食用。紅豆粉、山藥、麵粉、葛根粉以及砂糖被認為是當時日本羊羹的主要材料。

室町時代茶道盛行，羊羹成為了茶道的茶菓子「點心」。羊羹這道經過蒸煮的食物也備受重視。到了安土桃山時代，開發出了固體狀的練羊羹。這是西元一五八九（天正一七）年，京都伏見的駿河屋岡本善右衛門開發出了以紅豆、寒天以及砂糖為原料的固體練羊羹。

等到江戶時代，有人將紅豆混合麵粉之後再加入經過熬煮的糖漿攪拌均勻，最後放到蒸籠裡面蒸，開發出了暗紅色的羊羹。田沼時代，又有人開發出了豪華版的羊羹。單純經過蒸煮的羊羹甜味少且保存時間短，漸漸地，呈現固體狀的練羊羹成為了主流。練羊羹的起源另有一說是西元一七八九至九二年間（寬政初期），由住在日本橋式部小路的和菓子師傅喜太郎首先開發出來。

隨著時代演進，寒天取代了練羊羹中的麵粉，並且開始使用模型來定型。會用一棹[44]、兩棹當作羊羹的單位，是因為以前會將羊羹放進船形的模型定型後再切成細條狀的關係。

43 日本南北朝時代至室町時代前期的私塾教科書。
44 本義為桌子。另有船槳的意思。

「外郎糕」的起源是消臭劑

外郎糕是以米的粉末和黑砂糖為原料製作的黑色蒸羊羹。從中國來到日本的官員，為了消除官帽下頭髮的臭味，會使用一種名為透頂香的外郎藥，而外郎糕由於與這種外郎藥的顏色和香味相近，因而得名「外郎糕」。宋朝「外」的發音接近「ui」，因此外郎糕的日文讀音就成了「uiro」。「外郎」在中國原本指的就是正額以外的郎官，又被稱為員外郎。

據說在應安年間（西元一三六八年至七五年），曾為員外郎的元朝遺臣陳延祐在逃亡到日本的時候，將透頂香帶進了日本。當時的東亞屬於動盪不安的時期。反蒙古的紅巾軍起義，從中崛起的朱元璋在西元一三六八年推翻蒙古人的政權，建立了明朝帝國。隨著支配歐亞大陸的蒙古帝國崩壞，東亞地區出現了劇烈的變化。而「外郎藥」隨著時代變化的巨浪來到了日本。

「透頂香」原本的功能是消除官帽下頭髮的濕氣與臭味，當初是用來消除令人不舒服臭味的香料，但漸漸地也被當作消除頭痛、減緩胃部不適以及保持口腔清爽的藥物使用。

陳延祐之子大年宗奇奉室町幕府三代將軍足利義滿的命令製作「外郎藥」，並獻給位於小田原的北條氏綱。到了江戶時代，外郎藥成為了小田原的名產。

至於和菓子「外郎糕」的起源並不明確，但各地都有生產外郎糕，其中又以山口縣的外郎糕最為知名。之後，外郎糕傳進名古屋，也成為了名古屋的名產。隨著時代的演進，白砂糖取代了黑砂糖，外郎糕的顏色也不再是黑色，但仍延用外郎糕這個名稱。「餅文」是位於名古屋的和菓子專賣店，以販賣「紅豆外郎糕」知名，創業於西元一六五九（萬治二）年。

9 「酒」的大躍進

諸白製酒法與三階段製酒法

鎌倉時代，進行商品交易的「市場」蓬勃發展，「酒屋」得到幕府和寺院的許可，專門釀酒。到了室町時代，酒屋的數量增加，酒屋的稅金成為了幕府重要的財政來源。飲酒的文化和酒類的販賣在民間非常盛行。

室町時代，正如同中世紀歐洲的紅酒釀造技術是在修道院發展成熟相同，寺院的僧侶也不斷地開發新的釀酒方式。用絲綢過濾的「諸白製酒法（清澈的清酒）」以及「三階段製酒法」等新的技術就是在這個時候開發出來。

《多聞院日記》記載了從西元一四七八（文明一〇）年起約一四〇年間有關釀造酒的記錄。其中記載了當時的人會使用名為「火入[45]」的技術來停止酒的發酵。根據記載，英俊等僧侶在奈良興福寺塔頭[46]之一的「多聞院」當中釀酒，為了防止冬天釀造的夏酒腐壞，因此會將酒煮沸，這就是「火入」的技術。

這種技術非常受到矚目。十九世紀後半，歐洲的路易・巴氏德[47]開發了低溫殺菌法。有了這一個技術，啤酒和紅酒等才有可能大量生產。巴氏德的殺菌技術可說是以室町時代的釀酒經驗為基礎所開發出來的。

泡盛與琉球的大貿易時代

蒸餾酒傳到日本的緣由雖然眾說紛紜，但一般認為是在十五世紀中，從與日本有貿易往來的泰國大城王國傳到琉球（沖繩）。就算到現在，沖繩的燒酒「泡盛」還是以泰國米為原料，並利用屬於黴菌的黑麴菌發酵，製造出的酒醪[48]經過蒸餾之

45 藉由將清酒加熱，達到殺菌以及停止酵素活動的目的。
46 祖師等高僧過世後，弟子為了景仰他們的德性，而在高僧的墓塔旁或禪寺內搭建的小寺院。
47 法國的微生物學家，被視為細菌之祖。
48 類似「酒釀」的東西。

後就可以得到泡盛。由此也可以看出日本蒸餾酒與泰國的淵源。

琉球與泰國之間是如何牽上線的雖然不得而知，但當時琉球王朝與東南亞諸國的貿易活動頻繁，蒸餾技術也就是在此背景之下傳進了琉球。當時屬於琉球的大貿易時代。

到了蒙古帝國時代，蒙古與歐亞大陸建立了海、陸貿易網路，可以看到許多中國商人積極從事海上貿易。印度、波斯灣等廣大的海域上都可以看到中國商人的蹤影。

然而，蒙古勢力衰退，明朝勢力興起之後，為了重整帝國的秩序，明朝決定退出海上貿易世界。明朝調整貿易政策，藉由勘合貿易從政治面控制海外貿易，並訂立海禁政策，禁止民間商人的海外貿易行為。此舉讓從印度、東南亞等地進口的辛香料、香木等交易完全停擺。

在這樣的時代背景之下，明朝三代皇帝永樂帝命伊斯蘭教徒的宦官鄭和率領由二萬七千人所組成的大艦隊前往印度、西亞等地，進行大規模的官營貿易。然而，官營貿易大筆的支出讓明朝無法負荷，因此政策又轉為利用琉球來進行貿易。明朝將貿易船免費提供給琉球，讓許多的福建人移居琉球，並給予琉球不需要勘合符[49]就可以自由進出中國港口的特權。

此舉讓琉球從十五世紀中至十六世紀初為止，成為了連接東南亞、明朝、日本以及朝鮮的東亞貿易中心。

從泰國傳進日本的蒸餾技術

當時除了麻六甲是東南亞貿易的中心之外，泰國的大城王國也非常積極推動海外貿易。蒸餾器與蒸餾酒的製造技法從伊斯蘭的世界傳進泰國，又從泰國傳進琉球，這也成為了「泡盛」的起源。葡萄牙人的文獻當中，將積極經營東南亞貿易活動的琉球人稱作「Lequio」。

傳進琉球的蒸餾器「al-anbiq」與番薯一起傳到了薩摩（鹿兒島）。西元

49 明朝對日本所頒發的貿易許可証。明朝僅承認持有該許可證的船隻進行貿易。

一五四三年，鐵砲傳進日本後三年，葡萄牙人喬治・阿爾瓦雷斯[50]造訪薩摩，他在筆記中記載，薩摩地區生產米製的燒酒。

琉球的燒酒嚴格遵照傳統的製法製造，因此離不開泰國米。就連現在也都認為用泰國米製造的泡盛比較好喝。

然而，由於當時薩摩地區非常難確保泰國米當作釀酒的原料，因此改用在火山灰地就可以大量生產的番薯為原料，採取將番薯蒸熟後釀造的方式，製造出了以番薯為原料的番薯燒酒。曾經造訪過薩摩的橘南谿[51]在《西遊記》（西元一七九五年）書中提到：「薩摩用琉球芋釀酒。名為karan芋的燒酒，非常之美味」。從中可以看出，十八世紀末期就已經開始製造薩摩燒酒。之後的燒酒進入了利用麥、蕎麥以及黑糖等多樣原料製造的時代。

到了江戶時代，燒酒推廣至日本全國各地。西亞、印度以及東南亞將燒酒稱作「arak」，受到此一影響，日本將燒酒稱作「araki」或是「荒木酒（arakishu）」。從名稱上也可以看出，蒸餾技術從伊斯蘭世界經由琉球傳到日本的過程。燒酒可說是世界變動的波潮衝擊到日本的一個例子。

另外，蒸餾器在日本又被稱作「羅牟比岐（ramubiki）」或「蘭引（ranbiki）」。不用說，這是受到阿拉伯語中代表蒸餾器的「al-anbiq」的影響。

50 葡萄牙貿易船船長。
51 江戶時代後期的醫師。他巡遊日本各地，並將當地的奇聞軼事寫成「西遊記」和「東遊記」。

第四章 葡萄牙人和荷蘭人運進來的飲食文化

1 葡萄牙人運進日本的飲食文化

飲食的大交流與成為「搬運工」的葡萄牙人

地球表面有七成都是海，而大西洋、太平洋以及印度洋等大洋更占據了大部分的面積。十五世紀至十六世紀的「大航海時代」，連結各大洋的網絡形成，開始了以大西洋為媒介的全球性貿易行為。

大規模的貿易代表著物品大規模的交流。起源於「新大陸」的玉米、馬鈴薯、番薯、樹薯、南瓜、番茄、四季豆、花生、辣椒、青椒、可可豆、鳳梨、木瓜、酪梨、甜椒、香草、向日葵以及火雞等食材進入歐洲、亞洲、非洲等地。而另一方面，「舊大陸」的麥、米、咖啡豆、橄欖、牛、豬以及羊等食材則移植到了新大陸。這樣的交流經過長時間的日積月累，改變了地球的生態環境。

在這樣的背景當中，歐洲諸國建立了連接大西洋和「新大陸」的商業網，也因此快速成長。十五、十六世紀的西班牙與葡萄牙、十七世紀半的荷蘭以及十七世紀後半之後的英國，海洋的霸權國也不斷更新。

當時的日本是世界上數一數二的銀出產國。為了追求銀，葡萄牙與荷蘭等國家的商人隨著大航海時代的浪潮來到了日本。葡萄牙、西班牙、荷蘭的商船進到日本的港口，這對日本的飲食文化帶來重大的衝擊。

在「大航海時代」，葡萄牙人最先將在世界上廣泛交流的食品帶進日本。葡萄牙的恩里克航海王子希望與傳說中存在於非洲內陸的「聖約翰國度（Prester John）」聯手對抗摩洛哥的伊斯蘭教徒。他同時以與西蘇丹在海上的黃金交易為目標，有組織性地朝向非洲西岸探險。

恩里克王子吸收義大利人和伊斯蘭教徒卓越的航海技術，有組織性地展開探險事業。他開通了非洲西岸的航海路線，在他死後的西元一四八八年，航海家迪亞士到達了好望角。

十年後，瓦斯科．達伽碼率領的艦隊越過好望角，沿著非洲東岸北上。在阿拉伯水手的領航之下抵達了印度西岸的卡利卡特大貿易港。艦隊從產地帶回葡萄牙的胡椒為葡萄牙王室帶來了超出航海費用六十倍的財富。

葡萄牙王將印度貿易國營化，以面向印度西岸果亞、麻六甲海峽的東南亞貿易中心麻六甲為據點進出東亞海域，在西元一五四〇年開始與銀生產量豐富的日本有了貿易上的往來。

東亞的走私貿易時代與「銀之國」日本

葡萄牙人將觸角伸到東亞海域的十六世紀正好是明朝的貿易制度開始崩壞的時

期。受到北方蒙古人威脅的影響，沿海走私貿易的取締開始鬆懈。

西元一四四九年土木堡之變，明英宗被瓦剌部領袖也先太師俘虜。這個事件（土木之變）象徵著北方蒙古人（北虜）勢力增強，明朝必須花大筆費用在北方的防禦上。到了十六世紀，明朝被逼開始修建現在仍可以看到遺跡的石造「萬里長城」，加強北方的防禦。在福建、廣東沿岸的取締開始鬆懈的情況下，公然進行走私貿易的情況更嚴重。

另一方面，在日本，西元一五二六年博多的富商神谷壽禎開始開發石見銀山，並在西元一五三三年導入從朝鮮傳進名為「灰吹法[1]」的精煉法，從此之後，銀的生產量暴增。有一說認為，日本當時的銀生產量占世界的三分之一。

日本的商人利用產量豐富的銀從朝鮮購入棉布，並從明朝購入蠶絲線，加強大範圍的貿易網絡連結。富商與戰國大名結合，不斷成長，當中也出現了利用龐大的

1 煉銀過程中分離銀和鉛的方法。由於銀礦的含銀量低，因此為了提煉銀，會在過程中會加入鉛，使銀熔於鉛中。之後再吹入空氣使鉛氧化，進而將銀和鉛分離得到銀。

貿易網絡進行貿易、海運、倉儲、礦山經營、鐵砲製造的綜合性商社。

明朝走私貿易的中心地設在位於長江河口舟山列島的雙嶼港。西元一五四五年期間，有許多日本博多的商人在這個走私港口進行交易。

中國也有許多商人造訪日本的日向、薩摩、大隅以及豐後等港口。而京都、堺等地的商人則是為了購買中國的貨品而集中到這些港口。侍奉薩摩島津家的禪僧南浦文之，他在著作《鐵砲記[2]》中記載，西元一五四三（天文十二）年八月，葡萄牙人乘大船抵達種子島，將鐵砲傳進了日本。當中除了西南蠻種（葡萄牙）的商人之外，名為「五峰」的中國商人也在船上。

這裡的「五峰」指的是主導雙嶼港走私貿易的大商人王直作為中間人的角色。在被日本產量豐富的銀所吸引的葡萄牙商船，將明朝的蠶絲線運到日本等，讓貿易活動更加蓬勃發展。另一方面，九州的各個大名也非常歡迎將商品運到日本的葡萄牙商人。

公然進行走私貿易的情形日趨嚴重，明朝為了捍衛「海禁」，因此開始徹底打壓走私貿易。西元一五四八年，雙嶼港遭到完全破壞，以王直為首的走私商人被迫將據點移到了日本長崎縣的平戶。

然而，當時最主要的貿易商品還是長江流域出產的蠶絲線，因此，走私商人全副武裝，強行在中國沿海進行貿易。這些人就是十六世紀中期被稱為「後期倭寇」的海盜集團。「後期倭寇」的成員多半是從事走私貿易的中國人以及支持走私貿易的沿海下層民眾。

葡萄牙人的據點雙嶼港在遭到明朝破壞的隔年，耶穌會傳教士聖方濟·沙勿略為了在日本設置貿易據點以及傳教而造訪鹿兒島。沙勿略為了在日本各地傳播天主教，首先造訪京都，但由於當時正值應仁之亂剛結束的時期，因此在京都的傳教活動並不順利。但在平戶、山口以及大分地區則成功地建立了傳教的基礎。之後，沙勿略前往明朝傳教，最後在廣東附近的上川島過世。在九州，大名為了追求貿易利益，對傳教抱持正面態度，受到此一影響，天主教的信徒增加。西元一五八二年九州大名派遣「天正遣歐少年使節」至歐洲時，信徒的人數已經高達五十五萬人。

2 江戶時期記載鐵砲傳進日本相關歷史的史書。

葡萄牙人在日本的貿易行為，從西元一五四〇年起至遭到禁止的西元一六三九年為止，維持了大約一百年。這個時期的葡萄牙人將歐洲、美洲、非洲以及亞洲的各種食品帶進了日本。

十六世紀後半，居住在墨西哥的西班牙人雷加斯皮橫越太平洋，征服了菲律賓的馬尼拉，開啟了連結墨西哥阿卡普爾科和菲律賓馬尼拉的加利恩帆船貿易。商人以「新大陸」出產、價格便宜的銀，大量購買明朝的物品。有許多中國的商人從福建的月港出港遠赴馬尼拉進行銀以及蠶絲線、陶瓷器的貿易。西班牙人、葡萄牙人帶來大量的銀，這讓中國進入了「銀的時代」，並成為日本以及東亞貿易圈的一員。

貿易活動頻繁，當然也造就了與歐洲飲食文化的交流。葡萄牙人帶來的文化被稱為「南蠻文化」，而葡萄牙的料理則被稱為「南蠻料理」。

根據安達嚴所著的《食物的傳來史》記述，葡萄牙人帶進日本的食材包括原產於新大陸的玉米、馬鈴薯、南瓜、辣椒、番茄以及歐洲食用兔子、東南亞的肉豆蔻等。而食品則包括麵包、餅乾、峰蜜蛋糕、圓形蛋糕、金平糖[3]、有平糖[4]、浮名糖[5]、天婦羅、五目油豆腐包、火鍋等。飲料則包括紅酒、燒酒等。日文的香菸、杯子、玻璃器也都來自於葡萄牙文。

2 飄洋過海而來的胡椒和辣椒

沙勿略的販賣胡椒大作戰

開啟「大航海時代」的食材是胡椒。葡萄牙人雖然將大量的胡椒帶進日本，但

3 又被稱作花糖或星星糖等，外型類似星星。是將冰糖溶於水後加熱收乾，最後再加入麵粉所製成的糖果。

4 砂糖加少量的麥芽糖加熱熬煮後再進行上色、整形等所製成的糖果。最大的特徵是擁有絲緞般色澤。

5 用冰糖、水、蛋所製作的南蠻菓子。

最先把胡椒帶進日本的是琉球的貿易船。

十五世紀後半是琉球王國的大貿易時代。分為北山、中山、南山三個王國的沖繩本島在十五世紀初，中山王國的尚巴志統一了琉球。明朝實行海禁政策，禁止商人私下的貿易行為。明朝同時讓許多福建商人移居琉球，提供貿易船給琉球王國，並給予不需要勘合符就可進行貿易的特權。明朝藉此舉利用琉球王國從東南亞地帶調度包括胡椒在內的物品。這也與「琉球的大貿易時代」的形成有直接相關。

琉球的商船開往越南、麻六甲、暹羅、蘇門答臘島以及爪哇等地，將胡椒、香木以及砂糖等特產輸出到明朝和日本。輸出到日本的胡椒大部份經由博多又再輸出到朝鮮。

日本料理由於是以「水」為基礎，且食材以魚和蔬菜料理為主，因此現有的生薑、山椒、芥末等調味料就已經足夠，而胡椒主要是被當作藥材使用。相對於日本，遭到遊牧民族蒙古人占領的朝鮮半島，為了滿足境內蒙古人的需求，牛等獸類的飼育非常普及，形成了吃肉的文化。在被蒙古占領之前，朝鮮半島也是避免吃肉的佛教社會，但蒙古人改變了此一飲食文化。在此一肉食文化之下，與肉類非常搭配的胡椒十分受到歡迎。韓國作家鄭大聲認為，胡椒輸入量的增加，加重了李氏朝鮮貿易上的負擔（《朝鮮的食物》）。

不論如何，胡椒可說是開啟歐洲「大航海時代」的代表性商品之一。當初，葡萄牙人為了得到日本產量豐富的銀，大量輸出胡椒。在日本傳播基督教的沙勿略也在他的筆記中寫道，只要在京都旁一個名為「堺」的貿易都市設置商館，就可以大量販賣胡椒。據說，沙勿略為了籌措滯留日本的經費，帶來了大量的胡椒。

日本料理當中雖然不太需要用到胡椒，但還是有人將胡椒當作是日常生活中的「辛香料」使用。一般而言，日本料理是將胡椒灑在湯品上（讓胡椒浮在湯的表面來增添香氣）使用。

香氣十足的柚子和胡椒是用來增添食物風味的兩大利器。另外，對於烏龍麵、豆腐料理以及山藥汁而言，胡椒的辣味剛好給予味蕾適度的刺激。當時還有一道名為「胡椒飯」的料理，這是將米灑上胡椒後煮成飯，之後再淋上高湯食用。十七世紀中，位於江戶兩國藥研堀[6]的芥子屋右衛門從中藥獲得靈感，將胡椒加上辣椒

6 現在的日本橋一帶。

（南蠻）[7]、芝麻、陳皮、罌粟籽、油菜籽、大麻籽、山椒等製成「七味唐辛子（七味粉）」。隨著七味粉廣獲好評，胡椒逐漸被七味粉取代。

東南亞從古代就開始使用胡椒，但隨著原產於美洲大陸的辣椒傳進，胡椒漸漸受到排擠。而在日本，也出現了小規模類似的現象。

錯把辣椒當胡椒的哥倫布

辣椒與茄子同科，原產於秘魯，是美洲大陸從古代就開始使用的辣味辛香料。據說為了讓感覺不到辣味的鳥將種子傳播到遠方，所以辣椒又紅又辣。

甜味辣椒的種類包括增加餐桌色彩的青椒和甜椒。綠色的青椒成熟後也會和辣椒一般變成紅色。現在由於只吃青椒外皮的部份，所以經過品種改良之後，青椒的中間為空洞。但以前的青椒中間滿滿都是種子。甜椒的外皮比青椒厚，味道也比較甜，共有綠、紅、白、橙、黃、紫、黑等七種不同的顏色。

日文的青椒稱作「piman」，來自於法文中代表辣椒類的「piment」。至於英文則稱作「sweet pepper」或「green peper」，被認為與胡椒是同類。

自從哥倫布錯把辣椒當作是胡椒的同類以來，包括青椒、甜椒在內的辣椒類都被認為是胡椒的同類。順道一提，甜椒在匈牙利文（Paprika）中代表的是胡椒的意思。

哥倫布第一次遠航時錯把加勒比海的伊斯巴紐拉島錯認為黃金之國「日本（Zipangu）」。在島上遇到了名為「aji」的辣椒，但卻向西班牙政府報告這種辣椒與胡椒同類，而且價格非常昂貴。從此以後在歐洲，辣椒就被視為胡椒的同類。

西元一四九三年一月十五日的《哥倫布航海日誌》中記載：「又大量發現他們的胡椒ahi。ahi的角色比胡椒還要重要，沒有人的餐桌上會缺少aji。他們認為aji對身體健康非常有幫助。每年從伊斯巴紐拉島生產的aji，恐怕可以堆滿五十艘輕快帆船（carabela）」。（日文參照林屋永吉的譯文）。

哥倫布雖然大膽推測aji是遠比胡椒具有高價值的辛香料，但歐洲人覺得aji太

7 代表從「南蠻（葡萄牙）」傳來。

辣，所以在歐洲並沒有像胡椒一般成為受歡迎的商品。到現在aji還是西班牙文中辣椒的俗稱。另外，英文將辣椒稱作「red pepper」，從中可以看出這是受到哥倫布錯把辣椒和胡椒視為同類的影響。

之後，葡萄牙人將辣椒帶進了印度以及東南亞、中國等地。對於辛香料寶庫的東南亞而言，辣味強烈的辣椒遠比胡椒有魅力，辣椒也因此稱霸於東南亞的餐桌上。辣椒強烈的辣味排擠了許多原有的辛香料。現在很多地方的餐桌上都不能沒有辣椒。在中國四川，辣椒也成為了料理的基礎。

辣椒是西元一五四三年，由抵達日本種子島的葡萄牙人傳進日本。也許是葡萄牙人將辣椒介紹為胡椒，當時的辣椒被稱作「南蠻胡椒（或南蠻、南蕃）」或「蕃椒」，指的是南蠻人（葡萄牙人）帶進來的胡椒，在這裡也可以看到哥倫布陰魂不散的影響。

日本將辣椒稱作「唐辛子」是與統一日本的豐臣秀吉二度出兵李氏朝鮮（西元一五九二年至九三年、九七年至九八年）有關。根據推測，當時的資訊傳遞並不發達，不知道辣椒的武士從朝鮮帶回了辣椒，在不知道日本已經有辣椒的情況下，將辣椒取名作「唐辛子」（鄭大聲《朝鮮的食物》）。另外也被稱作「高麗胡椒」。

日本人喜歡的是少油且清爽的口味，因此辣椒在日本並沒有受到重用。然而在十七世紀日本將辣椒傳入朝鮮後，朝鮮將米、麥與麴和辣椒混合，經過發酵、熟成後製作出「辣椒醬」，這也成了朝鮮最基本的調味料。辣椒也是製作泡菜等發酵食品時不可或缺的調味料。

辣椒剛從日本傳到朝鮮的時候被稱為「倭辛子」或「倭椒」，這是因為朝鮮認為這是原產於日本的食材。辣椒與朝鮮最具代表性的食品泡菜有密不可分的關係。在日本，白菜的泡菜非常有名，但事實上在朝鮮，泡菜的種類超過二百種，近年也有愈來愈多不同種類的泡菜進到日本市場。另外，鱈魚（韓文稱作「明太」）由於會大量產卵，被視為吉祥的食物。十七世紀左右，朝鮮人將鱈魚卵加辣椒製作成名為「明太子」的保存食品，到了十九世紀傳遍全國上下。日本有名的博多明太子是日本人從韓國帶回明太子的製作方式所製造。

吃餃子的時候常會沾的辣油是將芝麻油加辣味強的紅辣椒加熱，萃取當中的辣椒素成份所製成。辣油可說是充分利用辣椒的辣味所製成的調味料。

3　以前砂糖是奢侈品

砂糖菓子所創造出的甜味文化

葡萄牙人與荷蘭人對日本飲食文化最大的貢獻就是普及由砂糖帶來的「甜味」。

新幾內亞被認為是砂糖的原產地，由印度商人帶回印度，普及於印度社會之中。在亞歷山大遠征印度的時候，砂糖就已經普及。中國則是在唐朝透過絲路傳進。

將砂糖傳進日本的是唐朝的鑑真和尚。在鑑真和尚的貢品當中記錄著獻上砂糖二斤十四兩。一兩相當於十錢，而一斤相當於十六兩，二斤十四兩也就相當於四百六十錢（約一．七公斤），數量非常稀少。當時的砂糖是被當作藥品使用。

「大航海時代」之後，葡萄牙人和荷蘭人將砂糖當作高價的調味料帶進了日本。荷蘭人特別將砂糖當作是主要的收入來源，將在爪哇島栽培製造的砂糖大量輸入日本。

日本最早開始栽種砂糖是要等到慶長年間（西元一五九六年至一六一五年），奄美大島的直川智漂流到南海的時候，從中國帶回了甘蔗的苗以及栽種方法。安土桃山時代，武士之間盛行奢華的茶之湯，被當作點心的菓子（茶點）種類豐富。當中，用砂糖製造的菓子被當作是貴重的禮品。

江戶幕府八代將軍吉宗在西元一七二七（享保十二）年從琉球取得甘蔗的苗，並在濱御殿[8]開始栽種甘蔗。之後，砂糖才漸漸地普及至日本國內。平賀源內[9]對日本砂糖的生產具有相當的影響。西元一七二九（享保十四）年，他以在長崎學到的知識為基礎，向大阪的砂糖批發商提出建議，製造出了日本最早的純白精製砂糖——「三盆白」。這是經過三次手工搓揉、結晶細緻的白砂糖，由福建的船帶進了

8 現在的濱離宮恩賜庭園。
9 江戶時代日本的草藥學者、醫師、發明家、作家。

長崎。隨著砂糖的普及，和菓子的變化也愈來愈多樣，對於和菓子定型於日本飲食文化之中擁有很大的貢獻。

最初吃金平糖的人是織田信長

葡萄牙人將利用砂糖或冰糖加麵粉製作的砂糖菓子帶進日本。這種南蠻菓子在當時是非常珍貴的奢侈品。

當時傳進日本的南蠻菓子包括金平糖、有平糖、糖果、峰蜜蛋糕以及圓形蛋糕等，每一種都是使用當時昂貴的砂糖所製造。

葡萄牙人帶進日本的金平糖在葡萄牙文中稱作「confeito」，日文則使用了發音相近的「金平糖」或「金餅糖」、「金米糖」、「渾平糖」等漢字來稱呼這種南蠻菓子[10]。西元一五六九年四月，葡萄牙傳教士路易斯・弗洛伊斯帶著天鵝絨的帽子、鏡子、孔雀尾巴以及裝著金平糖的玻璃瓶在二條城晉見織田信長，這就是金平糖傳進日本的起源。最初吃到金平糖的日本人就是織田信長。由於當時砂糖入手不易，因此金平糖被當作是高級的贈禮。

也許是因為金平糖太過美味，織田信長對耶穌會非常友好。也或是因為當時織田信長想要利用基督教來削弱佛教的勢力，所以才會對耶穌會採取友好的態度。羅馬的耶穌會總部派傳教士范禮安到日本巡察，在他向總部的報告中提及：「對其他人非常嚴格的信長對耶穌會的傳教士卻是異常友好，這讓異教徒（日本人）都十分讚嘆。對基督徒而言，沒有比這個更令人歡喜的事了。信長將親自在獵鷹時獵到的鳥類當作贈禮，並說雖然這是自己獵到的鳥類，但請把牠當作是雙方友好的信物」。

順道一提，日本國內首先製造出以罌粟籽為芯的金平糖是在西元一六八〇（貞享年間）年代的長崎。這個時期金平糖在京城一帶廣為流行，慢慢也傳到江戶地區。井原西鶴所著的《日本永代藏》[11]（西元一六八八年出刊）中記載：「金平糖

10 日文發音為conpeito。
11 內容以金錢為主題，描寫江戶時期不同商人的故事。

原本只是長崎女人家的手藝，但現在連京城一帶都廣為流傳」。

有平糖[12]來自於葡萄牙文中名為「alféloa」的菓子，又被稱為aru或aruhei。《和漢三才圖會》中記載，有平糖是一斤的冰糖加上四合的水，用鍋子熬煮，再加入蛋白固定所製成類似糖果的南蠻菓子。有平糖在白砂糖的水份揮發後染成白、紅、黃、鵝黃等不同顏色，再製成不同的形狀，是江戶時代江戶地區最具代表的砂糖菓子。歌舞伎中紅色的臉譜（隈取）被稱為「有平隈」，這正是受到有平糖的影響。

浮名糖源自於葡萄牙文中的caramelo，又被稱為carumela或carumeira。把冰糖、水、蛋經過熬煮並過濾後得到的液體再度加熱，沸騰之後放冷所製成的南蠻菓子。

圓形蛋糕（芳露）是從葡萄牙文中代表原形的bolo而來[13]。作法是混合麵粉與砂糖、蛋、水，將麵團揉成圓形後用蒸烤製成。

自古以來就是長崎名產的蜂蜜蛋糕（又名粕底羅、加須底羅、加壽天以羅[14]），其葡萄牙文名稱castella來自於伊比利亞半島的castilla王國。蛋加砂糖打發後加入麵粉拌勻，經過蒸烤後製成。到了江戶時代，蜂蜜蛋糕成了下酒的佳餚，蒸熟後也是茶會上受歡迎的茶點。

4 麵包和餅乾傳進日本的由來

「pan」是葡萄牙文

十六世紀中，葡萄牙的食糧隨著葡萄牙船隻傳進了日本。當時葡萄牙的麵包被稱為「han」，日本使用「波牟」兩字代表。另外又寫作蒸餅或麵餅，但保留發音

12 日文發音為aruheito。
13 芳露的日文發音為holo。
14 日文發音皆與葡萄牙文中代表蜂蜜蛋糕的castella相近。

han。從明治初期才改用片假名代表，發音作「pan」。

日文代表麵包的「pan」被認為是從葡萄牙文中的「pão」或是西班牙文中的「pan」而來。《和漢三才圖會》是日本最早附有插畫的百科全書，當中記載：「根據了解，蒸餅就是無餡的饅頭，阿蘭陀人（荷蘭人）人手一個當作食糧，他們將其稱作波牟。有人會將波牟與羅加牟（火腿）一起食用」。

當時的日本已經有將麵團發酵後包餡料去蒸的饅頭，因此不難理解為什麼會用饅頭來比喻麵包。饅頭是用麵粉製成麵團後拿去蒸，而麵包則是將麵團拿去烤，兩者之間的確有相似之處。

元祿年間（西元一六八八年至一七〇四年），前往長崎的土佐藩士曾說道：「以麵粉製成名為麵包的大餅，塗上牛的乳後食用」。所謂「牛的乳」指的是奶油。當時在長崎，吃麵包的時候似乎會塗奶油。

日本是在西元一八六九（明治二）年開始販賣麵包。西元一八七四（明治七）年位於東京芝地區的文英堂（現在的木村屋），首先開始販賣紅豆麵包。仔細想想，紅豆麵包是經過重組之後的食物代表之一。紅豆麵包可說是用麵包的麵團取代紅豆饅頭的蒸麵團所製成的食品。日清戰爭之後，容易保存的麵包也取代了乾飯，成了軍隊的軍糧。

坐船來的保存食品——餅乾

日文的餅乾（biskketo）一詞源自於英文的「biscuit」，而葡萄牙文則稱作「biscoito」。最初葡萄牙人將餅乾帶進日本的時候被稱為「biskauto」。由於餅乾可以長久保存，因此在時間漫長的航海過程中是非常重要的食品，在某種程度上，餅乾可說是支撐「大航海時代」的食品。

「Biscuit」一詞源自於拉丁文「biscoctum panem（經過兩次烘焙的麵包）」，指的是既硬又乾且可以長久保存的麵包。順道一提，餅乾的來源另外有一說法是西元一七二九（享保十四）年九世紀初，由在法國比斯開灣（Bay of Biscay）觸礁的英國船員所製造。不論如何，餅乾可以長久保存的特性被利用於航海、修道院以及軍隊之中。

餅乾是在西元一五五〇年被當作南蠻菓子的一種，從平戶登陸日本，當時是以餅乾的葡萄牙文稱呼。之後到了慶長、元和年間（西元一五九六年至一六二四年），從呂宋島輸入餅乾至長崎之後，逐漸地傳遍了日本全國各地。日本國內要等到西元一八七八（明治元）年才正式開始製造餅乾。當時是位於京橋南鍋町的米津風月堂從美國進口機器後才開始製造。

5　天婦羅與五目油豆腐包

因為天婦羅而辭世的德川家康

在與葡萄牙的文化交流之中，歐洲的油炸文化也被移植到了日本，當中又以天婦羅最具代表性。天婦羅（tempura）一詞被認為起源於tempero（烹調）、

têmporas（基督教的四旬期。期間不可以吃肉）或templo（教會）。

當中，天婦羅一詞起源於四旬期的說法可信度最高。基督教為了傳承耶穌在荒野中斷食所進行的修行，會在復活節前的四十天停止吃肉。順道一提，在停止吃肉之前還有一個可以盡情吃肉的「謝肉節」。在禁止吃肉的情況下，葡萄牙船員會將鯡魚用油炸過後食用。不過也或許是因為船上不容易取得肉類，所以才會炸魚來吃。

因為有這個歷史背景，因此天婦羅不會使用肉類。在關西，「薩摩炸魚餅」也被稱為天婦羅，是將魚磨成魚漿後油炸所製成。由此可以看出，薩摩炸魚餅原本也是天婦羅的一種。順道一提，薩摩和博多是與明朝走私貿易的中心地，而耶穌會傳教士沙勿略最早造訪的地點也就是鹿兒島。薩摩同時也是許多葡萄牙船隻聚集的地方。

葡萄牙人因為在日本不容易取得肉類，所以用魚類當作天婦羅的材料。當時的天婦羅並沒有沾用麵粉調製的麵衣，而是將魚類直接放進油鍋裡炸。在與四條流並駕齊驅的烹調流派，大草流的料理書中將用芝麻油或豬油所炸的鯛魚、雁、天鵝稱作「南蠻燒」。

受到中國飲食的影響，芝麻油是素食料理中非常重要的食材，但可以用來油炸的食材卻非常有限。味道強烈的大蒜、薤白、蕗蕎、蔥和韭稱「五辛」，被認為是「葷食」，所以禁止使用。但葡萄牙人並沒有受限於這樣的禁忌。因此，使用蔥的料理都會被冠上「南蠻」二字。例如鴨南蠻蕎麥麵，就是因為當中使用了蔥，所以被冠上了「南蠻」之名。在關西有些地方會將加了蔥的料理稱作「tempura」。

有一個關於天婦羅的知名傳說，那就是從駿府隱退的德川家康聽到京都一位名為茶屋四郎次郎的貿易商人談論到京都現在非常流行一個名為天婦羅的南蠻料理。聽完之後，德川家康用芝麻油炸真鯛的魚肉後再灑上韮菜食用，沒想到這種天婦羅卻讓他的腸胃出了問題，沒多久就辭世了。然而，德川家康是在吃了天婦羅後三個月才死亡，而當中只能進食一點粥和用葛根粉製成的麵疙瘩，所以說天婦羅與德川家康的死有直接的關係並不適當。應該說，原本就患有胃癌的德川家康再吃了油膩的天婦羅之後，導致病情更加嚴重。

由於芝麻油在當時屬於高價的食材，所以天婦羅當時並沒有普及民間。到了江戶時代，隨著市面上出現低價的油菜籽油，天婦羅才躍身成為日本最具代表性的「油炸物」料理。

五目油豆腐包原本是伊斯蘭的點心

五目油豆腐包（雁擬）是關東煮的食材之一，是由葡萄牙人帶進日本的食品。五目油豆腐包是從葡萄牙的點心中獲得靈感所製成的食品，當初被稱為「fillos」，是葡萄牙文中「油炸物」的總稱。現在在關西和九州會用與fillos發音相近的飛龍頭或飛龍子來稱呼五目油豆腐包。五目油豆腐包是將禪宗寺院素食料理中本來就會使用的油，與葡萄牙人的創意結合所產生的食品。葡萄牙人帶進日本的fillos是在麵粉做的麵團中包肉之後油炸的食品，原本是伊斯蘭世界中一個名為「巴克拉瓦」的點心。伊斯蘭教徒在七至八世紀的大征服運動當中建造了橫跨亞洲、非洲、歐洲三大陸的大帝國，而葡萄牙長期就是受到伊斯蘭教徒的支配。在這歷史背景之下，「巴克拉瓦」經過葡萄牙料理的重組成了fillos。之後，越過非洲最南端後進入亞洲的葡萄牙人將fillos傳進了日本。

當時的人藉由與既有的禪宗素食料理結合的型態，將fillos這個西方來的油炸點心融入日本的飲食文化之中。當初只是將容易取得的麵麩用油炸過，或是將蒟蒻切成小塊後用鹽清洗，最後裹上葛根粉油炸而已。而現在的五目油豆腐包是將豆腐的水份擰乾後加一點澱粉當作黏著劑，再加入切細，用油拌炒過的牛蒡、大麻籽、紅蘿蔔、香菇、銀杏等，最後再經過油炸製成。

fillos在關東稱作五目油豆腐包（雁擬），是將豆腐取代了原本的肉（雁等鳥肉）所製成。

五目油豆腐包在流傳到食材豐富的地區之後，經由「重組」改變了原有的風貌，從使用的食材可以看出世界各地盛產的食材。另外，這也是「大航海時代」的浪潮所帶來的新食材。

用油量多的料理為什麼在日本無法盛行？

天婦羅和壽司可說是日本最具代表性的料理，但天婦羅事實上是從歐洲來的外來客。在日本，使用油來炸食物的歷史尚淺，從十六世紀之後才開始有油炸的食物。以「油」為烹調基礎的中國料理大致可以分為「炒（短時間快炒）」、「煸（長時間拌炒）」、「爆（高溫炒）」、「炸（用油炸）」、「溜（勾芡）」、「煎（用少量的油煎烤）」、「貼（單面煎）」等七大烹調法。相對於中國料理，傳統的日本料理很少使用油。

日本料理是以「水」為基礎，很少有使用油的料理，原因在於日本水量豐富且日本以前沒有可以耐高溫的鐵鍋，以及食用油非常高價不普及。然而，油菜籽油的普及讓這個情況有了轉變。隨著二期栽種的普及，人們在第二期的時候會栽種油菜，除了原有的芝麻油以外，人們也開始大量使用油菜籽油。

不過光是油的普及是不夠的。位於歐亞大陸西邊的海洋國家葡萄牙，他們的船員乘船繞過好望角，經由麻六甲海峽來到了日本列島。在這苦難不斷的航海過程當中也賦予了船員們發明天婦羅的靈感。而日本與葡萄牙文化的接觸也造就了現在日本最具代表性的天婦羅料理。

十六世紀，明朝有許多商人造訪日本列島從事貿易，與葡萄牙人之間的貿易也非常盛行。為此，新大陸產的番薯、南瓜、辣椒以及中國的花捲、雞蛋麵、南蠻菓子等食物都傳進了日本，日本飲食文化進入了大變革的時代，而天婦羅也是在這個時期加入了日本料理的行列。最初的天婦羅使用的是麵麩、蒟蒻、豆腐等食材，這與現在的天婦羅有一點不同。要等到江戶時代才開始出現魚類的天婦羅，天婦羅現在的型態也才慢慢形成。

6 黃瓜和南瓜的吃法

日本人喜歡吃熟透的黃瓜？

日本的餐桌上最常出現的蔬菜包括紅蘿蔔、黃瓜、茄子、蔥、白蘿蔔以及菠菜等。關於蔥的原產地，有人說是中亞，但原產於中國西部或西伯利亞的說法比較可信。至於紅蘿蔔原產於阿富汗、黃瓜原產於印度的喜馬拉雅南邊山腳、茄子原產於印度南部地方、白蘿蔔原產於高加索山脈地區或地中海沿岸、菠菜原產於伊朗高原，其共通點在於每一種都是原產於中亞，經由絲路傳到中國，之後再傳到日本的食材。

黃瓜的含水量高達百分之九十，原產於印度北部喜馬拉雅的山岳地帶。黃瓜傳進中國的途徑有兩種，一種是經由絲路的綠洲傳到中國北部，另一種則是經由緬甸傳到中國南部。

傳到中國南部的黃瓜含水量比較低，而這種黃瓜是在平安時代中旬傳進日本。由於黃瓜是從中國傳進日本，因此被稱為「唐瓜」。另外也有其他諸多說法，包括由於黃瓜表面有許多稜角，因此被稱為「稜瓜」；或是由於黃瓜熟透之後會呈現黃色，因此被稱為「黃瓜」等。日文的黃瓜原本應該不是「kyuri」而是「kiuri」[15]。

相對於此種黃瓜，傳到中國北部的黃瓜含水量比較高，要等到江戶時代末期才終於傳進日本。水份含量低的黃瓜適合用鹽或醋醃漬，而水份含量高的黃瓜由於皮薄多汁，所以適合生吃。之後兩種黃瓜經過不斷地交配，發展出現在許多不同種類的黃瓜。黃瓜用途廣泛，不論是生吃、醃漬或清炒都很適合。

十六世紀，耶穌會傳教士路易斯．弗洛伊斯來到日本。在他所著的《歐洲文化與日本文化》當中有一段有趣的記載：「我們吃的所有水果都要等水果熟了以後才吃，唯有胡瓜（黃瓜）在成熟前就可以吃。然而日本人吃的所有水果都不等水果成熟就吃，唯有胡瓜要等它成熟呈現黃色之後才吃」。路易斯．弗洛伊斯認為多汁的黃瓜比較好吃，因此很訝異日本人竟然要等黃瓜成熟呈現黃色之後才吃。路易斯．弗洛伊斯指出了歐洲和日本人吃黃瓜方式的不同，但實際上歐洲與日本的黃瓜品種不同，因此當時的日本人才會吃水份含量少的黃色黃瓜。

乾扁扁的黃瓜不可能好吃，因此在江戶時代，黃瓜被認為是下等的瓜類，非常不受到青睞。西元一七〇四年發行、由貝原益軒所著的《菜譜》當中明確指出：「胡瓜是下等的瓜類，風味欠佳，且具些微毒性」。

日本黃瓜的漢字寫作「胡瓜」。西漢武帝時期，為了在與匈奴之戰中取得優勢，武帝派張騫出使西域，而一般認為胡瓜就是由張騫帶回中國的，但傳進中國的確切時期不明。傳進中國北部的黃瓜含水量高達百分之九十且口感清脆，非常適合生吃。戰後日本開始流行吃沙拉，多汁的黃瓜搖身一變成為了生產量大的蔬菜之一。

在西方，黃瓜也出現在《舊約聖經》之中，是歷史非常悠久的食材。另外，黃瓜也被認為具有療效，對於解蠍子毒有一定的效果。

另一方面，古代希臘認為黃瓜具有解熱的效果。羅馬帝政初期的傳記作家蘇維

15　黃瓜日文稱作kyuri。原本的稱呼為kiuri，代表的是黃色（ki）的瓜（uri）。

托尼烏斯（西元七〇年左右至一六〇年左右）著有《皇帝傳》，這是他根據自己在擔任圖拉真皇帝的秘書時閱讀的無數皇室文書所撰寫的書籍。書中記載，羅馬首代皇帝奧古斯都非常喜歡吃黃瓜，經常會把黃瓜的汁當作飲料來補充水份。為了滿足皇帝的需求，羅馬一年四季都會栽種黃瓜。

由葡萄牙人帶進日本的南瓜

日本將南瓜的漢字也寫作「南瓜」，是原產於中美洲、南非的瓜類蔬菜，與哈密瓜和黃瓜屬於同類。照字面解釋，南瓜是從南邊來的瓜類，但實際上，由於南瓜偏硬且可以長久保存，非常適合當作航海的食材使用，因此南瓜也經由不同的路徑繞了地球一周。

同樣是南瓜，但有非常多不同的種類。當中有圓形、扁圓形以及橢圓形等不同形狀，顏色也各式各樣，最大的直徑高達一公尺，而最重的則達五、六十公斤。

西元前一二〇〇年左右，秘魯就已經開始栽種南瓜。但南瓜與玉米、馬鈴薯、番薯等相比，並沒有受到太多的矚目。「大航海時代」之後，南瓜默默地經由各種路徑傳播到了世界各地。

南瓜在餐桌上屬於不起眼的配角，無法成為主要的食材。南瓜除了在日本有多種不同的稱呼之外，在歐洲也有包括pumpkin、squash、vegetable marrow等不同的稱呼。因此很難從南瓜的名稱判斷南瓜傳播的歷史。

南瓜在十六世紀從墨西哥橫越大西洋來到了歐洲。但由於一直沒有找到最適合的烹調法，因此南瓜也一直沒有獲得重視。葡萄牙人透過繞過非洲最南端好望角東上的航路將南瓜帶進了亞洲地區。

葡萄牙的王朝是個不折不扣的商人王朝。西元一四九八年瓦斯科．達伽碼越過好望角到達印度的卡利卡特，開通了印度的航路。很快地又在西元一五一〇年以果亞為據點，並在隔年征服麻六甲成為東南亞的大貿易中心。同年，他又前往出產辛香料的印尼島嶼和泰國的大城王國，並在西元一五一七年前往明朝的廣州要求與明朝進行貿易。

明朝的《本草綱目》（西元一五九六年發行）當中有關於南瓜的記述，從中可以推斷實行海禁政策的明朝在十六世紀的時候就已經傳進了南瓜。

日本民間流傳「冬至吃南瓜不容易中風」或「吃南瓜不容易感冒」等。日本一般將南瓜稱作「kabocha」。西元一五四八年葡萄牙船隻漂流到豐後（大分）的時候為了取得貿易許可，向大友宗麟[16]獻上位於泰國東邊的柬埔寨（Cambodia）所出產的南瓜，而kabocha的名稱就是從Cambodia演變而來。

當時豐後與平戶、薩摩諸港並列為對外貿易中心。將天主教傳進日本的沙勿略就是從豐後離開日本的。征服東南亞貿易中心——麻六甲的葡萄牙人，拓展了在東南亞、東亞的貿易網絡，當中的泰國和柬埔寨在當時就已經開始栽種南瓜。南瓜剛傳進日本的時候，日本人迷信認為南瓜有毒，因此販賣的對象僅限唐人和南蠻人。由於南瓜的外型與名為「boubura」的瓶子相似，因此南瓜在九州又被稱為「boubura」。至於在關東，南瓜又被稱為「唐茄子」，意指唐（中國）的茄子。南瓜要等到江戶時代中期才逐漸成為日本餐桌上的常客。

7 冠上「荷蘭」二字的食品

與荷蘭維持細水長流型的關係

十六世紀，西班牙占領尼德蘭（現在的荷蘭、比利時），駐軍一萬人。由於西班牙人在當地課重稅（約四成西班牙國稅），因此受到成員多為商工業者的喀爾文主義新教徒反彈。六年之間約有八千人遭到處決，十萬人流亡海外，最後終於引發了獨立戰爭（西元一五六八年至一六〇九年）。

擁有眾多天主教徒的南部十省（現在的比利時）退出戰爭。西元一五八一年，北部七省獨立，建立了尼德蘭聯合共和國。由於七省當中的荷蘭省（Holland）不論是人口或租稅都占整體的二分之一，因此尼德蘭聯合共和國又被稱為「荷蘭」。

16 日本戰國時代九州的大名（領主）。

獨立後的荷蘭人靠著與鯡魚一起成長的造船業，成為了海運大國，主要連結亞洲和歐洲的海上貿易。以其他國家運費的一半運輸商品，被稱為「世界的搬運工」。荷蘭人在西元一六〇二年設立了聯合東印度公司（資本額是英國東印度公司的十倍）。公司從好望角直接前往東南亞，也因此取代了葡萄牙，進入了盛產香料的摩鹿加群島和盛產銀的日本。

西元一六一九年，荷蘭以爪哇島的巴達維亞（雅加達）作為亞洲貿易的據點，設於日本出島的荷蘭商館獨占了對日貿易的市場。江戶幕府時代初期的西元一六六〇年左右被認為是荷蘭對亞洲貿易的高峰期。然而，由於荷蘭人在日本的居住地以及貿易地都僅限於長崎，出入港口的船隻數量也遭到限制，因此，荷蘭人對日本飲食文化的影響也有限。

哪些是荷蘭的物品？

荷蘭人帶進日本的文化統稱「紅毛文化」。日文當中源自於荷蘭文的食物包括咖啡、啤酒、白蘭地、塔、湯、牛奶以及奶油等。

江戶時代也是徒步旅行的時代，當時的人對於進出出島的荷蘭人不甚了解，對他們的生活有一種「珍奇」的印象。另外，由於荷蘭人被隔離在出島，因此日本與荷蘭人在飲食文化方面的接觸也有限。對於那些使用油、蔥類、荷蘭辣椒所製作的料理以及很難加以說明的料理，通通會冠上「荷蘭」二字。當時的日本人對於荷蘭人的飲食文化還僅停留在想像的階段。將整條鯛魚用油炸過之後再用酒長時間熬煮的料理被稱為「荷蘭煮」，另外還有「荷蘭蛋」、「荷蘭醃漬物」、「荷蘭燒」等許多冠上荷蘭二字的料理。

荷蘭草莓其實是英國生產

經過品種改良的草莓在日本被稱為「荷蘭草莓」，這是由於這種草莓是由有搬運工之稱的荷蘭人帶進日本。但進行品種改良的其實是英國人，原本應該要冠上英國二字，稱作英國草莓才對。江戶幕府末期的西元一八五〇（嘉永三）年，當時荷蘭人將這種草莓傳進日本，因此才有荷蘭草莓的稱號。荷蘭三葉（芹菜）、荷蘭芹、荷蘭菜（高麗菜）、荷蘭雉隱（蘆筍）等都有相同的由來。

草莓的栽種不是從種子開始而是從苗開始。用船運送的時候幼苗容易枯萎，因此很難在日本扎根。現在日本普遍栽種的草莓也是經過非常辛苦的過程才好不容易在日本扎根。日清戰爭爆發的西元一八九四年，日本才導入用草莓的幼苗栽種草莓的技術。

到了西元一八九九年，當時在有「內藤新宿」之稱的新宿勸業寮[17]擔任技師的福羽逸人引進了歐洲種苗的技術，成功開發出果肉長達七公分且風味十足的新品種草莓，這種草莓被稱為「福羽草莓」，是當時的草莓之王。他同時也在新宿試驗場[18]的管轄移到宮內省的時候，受到法國人的建議將新宿試驗場改造成現在的新宿御苑。

日本最初是在西元一九〇年左右，於溫暖的靜岡縣開始正式栽種草莓。從不斷栽種的經驗中發現，在石垣（石壁）中栽種的草莓比較快成熟，因此開始在久能山栽種石垣草莓。因為石垣會吸收太陽的熱能，所以草莓比較快成熟。

17 鼓勵農業生產的政府機構。

18 日本政府為了振興農業，買下江戶時代內藤大名位於新宿約十七萬八千坪的土地，用來當作研究植物栽培、害蟲驅除等的實驗場所。

第五章 江戶時代創造的飲食文化

1 日本料理的集大成與江戶、大阪

海運讓日本列島合而為一

群山和急流將日本列島分為許多不同的小文化圈，而海運讓這些文化圈合而為一。菱垣迴船、樽迴船、北前船從海上整合了日本列島。江戶時代是以海運為軸心，整合日本列島各地日常生活的時代。當然，根據地方不同，「日本化」的進展速度也有所不同。來自全國各地的人、物品、金錢、資訊全部集中在江戶與大阪，而這兩個城市也就成為了「日本化」的中心地。江戶時代同時也是以江戶為主的關東地區與以大阪、京都為主的關西地區，兩大地區飲食文化集大成的時代。

歐洲在十七世紀中發生宗教戰爭，戰爭的結果造成神聖羅馬帝國的衰退，主權國家的體制獲得確立。十八世紀末，受到法國大革命的影響，國家體制又轉向人民主權體制。同一時期的日本主要朝向經濟統一方面邁進，奠定明治維新之後人民主權國家的基礎。從江戶時代飲食文化的改變可以看出這一段歷史的演進。

江戶時代大規模的社會變化與參勤交代的制度相關。參勤交代[1]制度讓全國各地的大名聚集在江戶，這也使得江戶城為了連結全國各地的新興大都市。參勤交代是幕府把大名的妻子當作人質聚集在江戶，以一年為原則，讓大名往返於江戶與領地執行政務的制度。沒想到這個制度讓江戶成為一大消費都市，由於各地農村的次男、三男都聚集到江戶，江戶也因此成為庶民的都市。

另外，參勤交代制度開啟了東海道等日本列島道路的發展。隨著道路的發展，

1 也稱為參覲交代，日本江戶時代一種制度，是武家諸法度中最重要的組成部分。根據此項制度，各藩大名每年都要有一段時間在江戶輔佐幕府將軍。

全國各地的文化被帶進江戶，而江戶的文化也傳播到了全國各地。到了十八世紀，江戶的人口已經高達一百萬人，是世界上數一數二的大都市。

然而長期以來日本社會都是以文化中心地的京都與經濟中心地的大阪為軸心發展，因此飲食文化也是以關西為中心發展。被稱作「上方」的關西所生產的商品，被當作「kudarimono（下物）」[2]運送到江戶，可以高價賣出。商人不可能放過江戶這個龐大的市場，因此許多商人開始做起了「下物」的生意，作物和商品的生產也跟著盛行。搬運大量的商品會用到河川或海運的航道，因此江戶時代連結大阪和江戶，創造出了堅固的海運網，而菱垣迴船和樽迴船就是負責搬運的貨物船。

菱垣迴船定期從「上方」搬運和服的布料、日常用品、陶瓷器、漆器、紙等，而樽迴船則負責搬運酒、醬油、醋、油、柴魚、乾貨等。對江戶人而言，有用且高價的東西是從「上方」運送來的商品。而其他微不足道的東西則被稱為「kudaranai」，這個字也被沿用至今，用來指微不足道的東西。

北前船往返於瀨戶內海經由北陸地區[3]前往蝦夷（北海道）的航道，在各個港口進行貿易，也與串連關東和關西的航道接軌。藉此，北陸和蝦夷地區也加入了物資交易的行列。在這樣的海運背景之下，從江戶誕生的庶民料理與關西的料亭料理[4]相互交流，完整的日本飲食文化也日趨成形。

讓江戶陶醉不已的「下酒」

江戶時代初期的江戶酒屬於濁酒。但在接近元祿時代的時候，位於伊丹（兵庫）、池田（大阪）、武庫河口至生田川河口之間大阪灣沿岸的灘五鄉（神戶），開始製造諸白（透明的清酒），並透過樽迴船（搬運貨物至大阪、西宮的船家經常使用的弁才船[5]）送到江戶。這種從上方運來的酒被稱作「下酒」。「下酒」經過海上大風大浪的搖晃後風味更加，在江戶大受歡迎。

2 從上（上方）往下（江戶）運的商品都會冠上「下」字。
3 日本中部面向日本海的地區。
4 日本傳統的高級料理。
5 日本傳統的木造船。

每年，新酒釀造完成後，樽迴船爭先恐後地駛向品川。酒桶經過海上的搖晃後，酒桶的風味進到酒當中，不但酒的香氣倍增，酒也變得比較溫和容易入口，備受江戶人好評。

十九世紀的樽迴船，載貨量多為一千八百石[6]，也就是可以載二千八百桶以上、容量四斗（約七十二公升）的酒桶。樽迴船就這樣，載著驚人數量的酒乘風破浪，越過太平洋來到江戶。據說，江戶有時候一年可以消費高達九十萬桶的酒。

酒的八成以上都是水，因此水的好壞非常重要。利用天保年間（西元一八三〇年至四四年）發現的「宮水（從西宮的水井湧出的水，鐵質與氨的含量少，是一種高品質的硬水）」所製造的「生一本」就是著名的灘酒。

釀酒的時候內部必須保持一定的溫度，為了維持適合釀酒的環境，會在名為「藏」這個窗戶少且用土牆建造的建築物內釀酒。製造灘酒的酒屋發現在細菌不容易繁殖的冬天，利用「寒造」釀酒比較容易成功，因此他們會找因為冬天無法耕種而外出找工作的農民釀酒。而這些農民就是被稱為「杜氏」的集團。

由於這些農民是從十一月至隔年三月這一百日左右，會外出找工作，因此又被稱為「百日工」。靠這些丹波杜氏的力量，灘酒才得以維持。這些農民組成的「杜氏」漸漸演變成擁有釀酒技術的專業集團，對於日本酒釀造技術的發展做出了很大的貢獻。

隨著酒的大眾化發展，有人開始以葫蘆為模型製造名為「德利」的容器，其用途也愈來愈多元化。

「德利」又可分為當作酒壺用的「大德利」、酒屋用來送貨時用的「通德利」，以及實際用來飲酒的「爛德利」等。酒屋用來出借給客人且上面寫名酒的名稱和店名的德利稱作「貧乏德利」。

現在日本人會直接將「爛德利」加熱後飲用，而這種飲酒的方式是江戶時代末期才逐漸形成。在這之前，是使用「爛鍋」或長柄的「銚子[7]」將酒加熱後再倒進「爛德利」飲用。

6 一石為十斗。

7 一種小型的鍋具。有柄及出水口，用來燒水或熬煮東西。

「下醬油」的驅逐與關東口味的獨立

新興都市——江戶，在初期，醬油大部分都是仰賴「上方」的供給。對庶民而言，醬油是很難取得的奢侈品。當時具代表性的醬油產地包括紀州的湯淺、播州的龍野、備前的兒島、讚州的小豆島、攝州的灘以及近江的日野，而江戶使用的醬油有七至八成都是由樽迴船運來的「下醬油」。江戶周邊地區製造的「土醬油」比起「下醬油」品質低劣許多。

之後，在漁船聚集的下總銚子港，漁民將紀州湯淺醬油的製作方法傳了進來。在銚子、野田等容易前往江戶的利根川流域，開始生產符合關東人口味的重口味醬油。

西元一六四〇年江戶川開通之後，從野田到日本橋河岸只需要一天的航程就可以到達。一艘高瀨舟[8]可以運一千桶的醬油到江戶，如此一來符合江戶人口味的醬油便能大量且以低廉的價格運到江戶。江戶具代表性的料理包括蕎麥麵、天婦羅、蒲燒鰻魚、握壽司、火鍋等，這些事實上也就是由醬油所創造出的口味。因此野田和銚子可說是創造出江戶口味的最大功臣。

從元祿到享保年間（西元一六八八年至一七三六年），下總銚子和野田的醬油漸漸取代了「下醬油」。到了西元一八二一（文政四）年，江戶消費的一百二十五萬桶醬油當中，只有二萬桶是「下醬油」。到了幕府末期，更驟減至一百桶。

相對於關西料理偏好以淡醬油和昆布高湯調味的清淡口味，以濃醬油為基礎的關東料理建立了自己的特色。濃醬油與柴魚高湯結合，成為了蕎麥麵的湯頭、鰻魚的醬汁以及生魚片的沾醬等，是江戶地區飲食不可或缺的調味料。

對於味噌的偏好也是一樣。上方的味噌偏甜，是用大豆和米製造的白味噌，而江戶偏好的則是用大豆和麥製造的紅味噌。相對於繼承傳統風味的關西，新興都市的江戶創造出了不同的風味。

8 河川等淺海航行時會使用的木造船。

2 富裕的商人與會席料理、幕之內便當

與俳諧[9]結合的會席料理

江戶時代，商人累積大量財富，社會地位也愈來愈高。而在這些商人之間非常流行俳諧與俳句。會席的原意是俳諧之席，會席的發展與俳諧相輔相成。

西元一六二九（寬永六）年冬天，松永貞德的門人山本西武在京都的妙滿寺舉辦了俳諧大會，而這也是會席的起源。最初在大會上只招待一點酒，但隨著俳諧演變成俳句，成為了一般庶民也可以享受的娛樂，會席也演變成了人們飲酒吃飯的社交場所。

隨著料理茶屋的盛行，除了茶席之外，句席也開始在料亭[10]舉辦。江戶時代中

9 日本古典短詩，是俳句的起源。
10 高級日本料理餐廳。

｜懷石料理｜

茶的懷石料理和俳句的會席都被稱為「會席」，漸漸演變成為餐廳的高級料理。一般而言料理內容包括前菜、煮物、蒸物、揚物（炸物）、燒物、鍋物、吸物、麵條、米飯等。

期之後，茶的懷石料理與俳句的會席都被稱作「會席」。會席料理也漸漸演變成餐廳的上等料理。

《守貞謾稿》記載：「天保初期（西元一八三〇年至四四年）以來開始流行「會席料理」。會席是茶客吃的餐點。根據人數送上前菜，不會有多的數量。其他的菜餚也根據同樣的標準。對於那些和以前一樣食量很大的人而言容易吃不飽。然而，烹調的手法日趨精湛」。

觀賞歌舞伎與幕之內便當

江戶時代一般民眾最大的娛樂就是觀賞歌舞伎。江戶時代中期，戲劇茶屋提供觀眾豪華的便當，而這個便當就是幕之內便當。幕之內名稱來自於歌舞伎的布幕，原本只是戲劇茶屋提供演員在休息室吃的簡單便當。當時的劇場一大早就開啟舞台的布幕，等到日落演出才結束。這麼長的表演時間，來欣賞的觀眾當然會肚子餓，當中也有人向戲劇茶屋叫外賣。但高價的豪華便當讓人卻步。為此，日本橋芳町一家名為「萬久」的店，為觀眾提供了一人只需要一百文的豪華便當。這種在觀眾席中就可以簡單享用的便當（幕之內便當）備受好評。為了方便食用，將飯捏成圓筒狀，配上日式蛋卷、魚板、燉豆腐、番薯、蒟蒻等，這些組合也成為了幕之內便當的招牌。

漸漸地，人們出外郊遊旅行的時候也開始攜帶幕之內便當，被當作賞花便當、郊遊便當等非常受歡迎。之後出現了專賣便當的便當屋，也開始使用二層、三層的漆器當作便當盒。

順道一提，便當起源於平安時代。在宮廷或貴族的官邸舉辦宴會的時候，發給隨從的飯糰就是便當的起源。另外，便當又被稱為「屯食」或「包飯」。到了武家時代，因為可以「解決當下吃的問題」因此被稱作「便當[11]」。又因為是「可以帶著到處行走的廚房」，所以又被稱作「行廚」。這些便當多半是飯糰加醃漬物的簡

11 日文稱「弁當」。「解決」的日文為「弁」，因此「解決（弁）當下吃的問題」才會被稱作「弁當」。

單餐點。在幕之內便當出現前的便當非常簡單樸素。

由於商人在特別場合會攜帶「幕之內便當」，這也創造出一個新的文化。現在的鐵路便當或飛機便當的菜色雖然花樣眾多，但基礎都源自於「幕之內便當」。

3　江戶庶民的速食

從菓子屋的蕎麥麵到攤販的蕎麥麵

說到江戶時代的飲食文化，就不能不提到一般庶民的速食快速成長。蕎麥麵、蒲燒鰻魚、壽司、關東煮、天婦羅這些與現在的飲食文化接軌的料理，當時在小攤販上就可以吃到。速食文化在江戶快速發展的原因被認為是因為許多有家庭的人隻身前往江戶發展，從早到晚不停工作。

現在我們吃的蕎麥麵在以前被稱為「蕎麥條」，關於蕎麥條的起源有眾多不同的說法。《嬉遊笑覽》認為蕎麥條起源於天正年間（西元一五七三年至九二年），當中記載：「蕎麥條起源於甲州。——根據信州人的說法，由於米和麥不夠販賣，因此旅店改用蕎麥製作麵團，之後再學烏龍麵切成長條，成了現在的蕎麥條」。

「蕎麥條」是在西元一六六四（寛文四）年的時候傳進江戶。喜歡嘗試新事物的菓子屋創作了「蒸蕎麥麵」，沒想到做出來的蕎麥麵風味十足，立即受到江戶人的好評。不過，在菓子屋吃蕎麥麵好像不是一件很搭配的事。

因此，享保中期（十八世紀初），在神田附近出現了打著「二八即席蕎麥麵」招牌的蕎麥麵攤販。「二八」指的是麵團的比例蕎麥粉八、用來當作黏著劑的麵粉二。另有一說是當時一碗蕎麥麵的價格是十六文，而二乘八等於十六，所以被稱為二八蕎麥麵。順道一提，天保年間（西元一八三〇年至四四年），水野忠邦下令將蕎麥麵的價格降低為十五文，有一家蕎麥麵店學二八蕎麥麵打出「三五蕎麥麵」的招牌，遭到大家的取笑。

土地愈貧瘠，蕎麥的香氣愈高。蕎麥麵店多取名為藪[12]或砂場[13]的原因就在於強調自家的蕎麥麵使用的是生長於荒野的蕎麥粉所製造，香氣十足。

到了江戶中期的明和年間（西元一七六四年至七二年），淋上湯汁享用的「bukkake[14]（蕎麥條的簡稱）」在江戶人之間大為流行。另外，也流行在有湯汁的蕎麥麵裡灑上許多總稱為「kayakumono」的各種辛香料後享用。Shippoku蕎麥麵[15]（寬延時期）、花卷蕎麥麵[16]（安永時期）、鴨南蠻蕎麥麵[17]（文化時期）、天婦羅蕎麥麵（文政時期）、okame蕎麥麵[18]（幕府末期）等，這些不同種類的蕎麥麵到現在都還可以在蕎麥麵店裡看得到。

順道一提，現在日本過年要吃蕎麥麵的習慣是從江戶時期中期的商家所流傳下來。蕎麥麵又細又長，因此被當作吉祥物，用來祈求延年益壽、身家安全。不只是過年的時候，江戶時代的人只要遇到特殊節日都有吃蕎麥麵的習慣。

大人氣的蒲燒鰻魚

日本在繩文時代就開始吃鰻魚（unagi），在《萬葉集》中，鰻魚也以「武奈伎（munagi）」之姿登場，之後發音才慢慢演變成現在的「unagi」。到了室町時代末期，蒲燒鰻魚才成為一般庶民也可以享用的食物。

「蒲燒鰻魚」當初是因為整條的串燒鰻魚看起來很像生長在水邊的香蒲，因而被稱為「蒲燒鰻魚」。另外又因為烤鰻魚的顏色與樺木相近，而被稱作「樺燒鰻魚」。還有一說是烤鰻魚很快就可以感受到鰻魚的香氣，因此也被稱為「香疾燒鰻魚」。

鰻魚的烹調法從串燒演進成為將鰻魚剖開去骨後沾上味噌或醬油後再去烤的手法，但名稱還是繼續沿用「蒲燒鰻魚」。鰻魚的缺點在於皮硬且脂肪多。為了克服

12 草木和竹子茂生的地方。
13 砂地。
14 「淋」（湯汁）的日文。
15 加了蔬菜一起熬煮的蕎麥麵。
16 加了海苔的蕎麥麵。
17 加了鴨肉和大蔥的蕎麥麵。
18 加了魚板、香菇、青菜等一起熬煮的蕎麥麵。

這兩個缺點，首先將鰻魚拿去蒸以去除多餘的脂肪。之後，從背部將鰻魚剖開，串上竹籤後在沒有調味的情況下，進行第一道燒烤的手續後再拿去蒸。完成後，沾上醬汁繼續燒烤，就可以得到關東風的軟嫩蒲燒鰻魚。關西風的蒲燒鰻魚則是從腹部將鰻魚剖開，連頭一起烤過之後再沾醬汁長時間燒烤。經過串竹籤、蒸、沾醬汁再度燒烤等手續，是關東風蒲燒鰻魚的精髓所在。

「江戶前」是江戶城前的意思，原本指的是日本橋和京橋一帶，但漸漸地變成指更前面一點的金杉、本芝、品川的漁場。當時的漁業尚未成熟，漁獲量並不大，因此可以穩定在河川中捕獲的鰻魚成為江戶前料理最初的食材。直到後來，「江戶前」才成為鰻魚的代名詞。

到了元祿時代，江戶的深川八幡出現了多家蒲燒鰻魚專賣店，位於上野端的店不服輸，也開始大肆宣傳蒲燒鰻魚，這讓江戶的美食通有了口福。平賀源內巧妙配合土用丑日[19]宣傳吃鰻魚，至今仍有同樣的習俗。

平賀源內在《Sato no odamaki hyo[20]》一書當中介紹完鰻魚之後寫道，在土用丑日吃鰻魚對身體好。這達到了非常好的宣傳效果，鰻魚的銷量也突然大增。順道一提，長時間以來，鰻魚店都不賣飯，據說客人都是從家裡帶飯去店裡吃蒲燒鰻魚。

到了化政時期，開發出了「鰻魚飯」，之後又演變成「鰻魚蓋飯」，在小攤販也可以簡單享用。當時正好是壽司攤販非常盛行的時期。另外，這個時期也是開始使用免洗筷的時期。

握壽司與下等魚——鮪魚

壽司是日本具代表性的料理之一。壽司原本起源於東南亞的稻作地帶，是利用發酵來長期保存食物的技術，經由中國、朝鮮傳到古代日本。熟壽司是將海鮮肉的部份取出，加鹽、米飯醃漬，經過乳酸發酵後所製成可以長久保存的食品。《養老賦役令》（西元七一八年）當中首先出現代表壽司的「鮨」與「鮓」兩字。但壽司

19 立秋前的一八日。
20 『里のをだまき評』。

要等到近代種類才逐漸增加，也才漸漸地成為受人矚目的料理。除了以前可以長期保存的熟壽司之外，另外將醋、酒、鹽加熱後混入飯中所製成的早壽司；將魚放進模型中壓緊所製成的壓壽司、箱壽司、太卷壽司，以及從江戶誕生的握壽司等不同種類。江戶時代中期以後，含有吉祥意義的「壽司」才取代「鮨」成為正式名稱。

文政（西元一八一八年至三〇年）初期，出現了經過輕握成形的「握壽司」。據說構思出這種壽司的是以經商起家、位於江戶本所的華屋與兵衛。「握壽司」也被江戶人稱作「與兵衛壽司」，蔚為風潮。主要使用的食材是星鰻、沙蝦、蛤蠣、鳥尾蛤、花枝、章魚以及日式蛋卷等。在當時是可以簡單製作的速食。與兵衛費盡苦心，使用有解毒效果的山葵，並端出茶等，致力於將壽司普及於一般大眾。到了幕府末期，市面上開始流行斑鰶壽司。

與兵衛雖然沒有使用鮪魚來製作握壽司，但如何使用這個自古以來就被認為是下等魚的鮪魚卻成了壽司普及的關鍵。

西元一八三六年至三七年（天保七至八年），黑潮發生變化，大量的鮪魚被沖到了江戶前，一天大約可以打撈到一萬條鮪魚。當時一條鮪魚的價格僅二百文。

為了消化這些廉價的鮪魚，也才出現了鮪魚的握壽司。當時的物價蕎麥麵一碗十六文，三公尺長的鮪魚卻可以用二百文的價格買到，只要經過適當處理，就可以為商家帶來龐大的利益。當時最常見的作法就是「zuke」，是將鮪魚切片後沾醬油食用。當時一條鰹魚要價大約一兩至二兩，與鮪魚的價格可說是有天壤之別。

鮪魚地位卑微的原因與古代將鮪魚、黃鰭鮪魚、長鰭鮪魚統稱為「shibi」有關。「shibi」的發音會讓人聯想到「死日（shibi）」，因此被認為是不祥的魚。另外，對偏好白肉魚的貴族而言，鮪魚不合他們的胃口也是造成鮪魚地位卑微的原因。

到了江戶時代，江戶將「shibi」改稱為「maguro」，且隨著漁獲量增加，鮪魚成為了深受大眾喜愛的大眾魚。根據《江戶風俗志》記載，在十八世紀中之前，「番薯、南瓜、鮪魚都被視為下等的食物，不論是商人或店家都以吃這些食物為恥」。

與握壽司一起以速食之姿受到庶民愛戴的是稻荷壽司（豆皮壽司）。天保七（西元一八三六）年大饑荒之際，名古屋有店家在油豆腐當中塞豆腐渣販賣，這就是最早的稻荷壽司。稻荷壽司不但製作方法簡單且便宜又有營養，因此廣受好評。嘉永年間（西元一八四八年至五四年），江戶日本橋十間店的次郎吉在提燈上畫上紅色的鳥居販賣稻荷壽司[21]，從此打響了稻荷壽司的名號。

天婦羅串也是攤販小吃

將天婦羅寫作「天麩羅[22]」的是江戶時代具代表性的戲曲作家——山東京傳（西元一七六一年至一八一六年）。「天」指的是天竺，而「麩」是麵粉做的麵糊，「羅」則是「薄」的意思。德川家康吃的天婦羅是將魚或鳥類直接下油鍋炸，不裹麵糊。但到了江戶時代中期，由於油菜籽油的生產步上軌道，天婦羅也變得大眾化，因此江戶地區開始將天婦羅裹上麵糊後再去油炸。山東京傳所說的「天麩羅」就是這種裹了麵糊的天婦羅。西元一七四七年，冷月菴谷水所著的《歌仙組系》當中記載：「天婦羅不論使用什麼魚都會裹上麵粉再去油炸。不論是菊花葉或牛蒡、蓮藕、山藥，所有天婦羅的食材都要先裹上用麵粉加水、醬油調製的麵糊再去油炸」。

在江戶，將使用在江戶前打撈到的斑節蝦、星鰻、刺鰭魚、花枝、沙鮻、銀魚所製成的油炸物稱「天婦羅」，而將蔬菜的油炸物稱為「agemono」或「gomaage」以做區別。為了方便在小吃攤販賣，會將每一種食材用竹籤串好之後再油炸。將天婦羅用竹籤串好之後再油炸的作法非常符合速食的精神。一串約四文，與一個壽司的價格相近。

天婦羅用竹籤串江戶前的魚下去油炸，這種速食非常受到庶民的歡迎。熱騰騰的天婦羅串會沾醬汁和白蘿蔔泥享用。

關西地區稱用油炸過的魚漿為「天婦羅」，而把江戶的天婦羅稱為「tsukeage」加以區別。兩者是要等到明治時期以後才整合。

到了江戶末期，天婦羅大眾化，另外還出現名為「金麩羅」的油炸物。這是由

21 日本有一個稻荷神社，裡面有許多紅色的鳥居。因此可以推測次郎吉應該是用紅色的鳥居代表稻荷神社，藉此打響同樣名為稻荷的稻荷壽司之名。

22 中文雖寫作「天婦羅」，但日文的漢字應寫作「天麩羅」，發音「tempura」。

兩國柳橋的深川文吉構思出了用蕎麥粉做麵糊的方法。這比傳統的天婦羅顏色深，但蕎麥特有的風味讓金麩羅廣受好評，可說是蕎麥粉帶來的食物創新獲得了肯定。另外有一說，「金麩羅」是在麵糊當中加進蛋黃所製造而成的。

明治時代東京流行的天婦羅專賣店分別是位於銀座的「天金」和位於新橋的「橋善」，兩者都是非常平民化的店。當時天婦羅的人氣食材是斑節蝦和星鰻，據說在日本橋魚河岸，天金擁有斑節蝦的優先選擇權，而橋善則擁有星鰻的優先選擇權。大正時代「和室天婦羅[23]」出現之後，天婦羅專賣店才漸漸地成為高級料理店。

4 淺草海苔和佃煮的全國化

「淺草海苔」源自於品川沿岸

海苔是將紅藻（淺草海苔）製成如紙片般又薄又乾燥的食物。香氣十足的海苔片到現在為止都是日本人早上的餐桌上不可或缺的食物。海苔起源於江戶時代，盛產於品川沿岸。但不知道為什麼，一般將這種海苔稱為淺草海苔。

有人說與淺草觀音的傳說有關。早在推古時代（七世紀），淺草海苔就已經是人所皆知的名產。但實際上，海苔這個名稱要等到江戶時代的寬永年間（西元一六二四年至四四年）才廣為流傳。

德川家進入江戶之後，江戶前（江戶城的前面一帶）的金杉、本芝、品川成為

23 在和室享用的天婦羅高級料理。師傅在客人面前現炸出一道道天婦羅料理。

供給海鮮的漁場。但隨著江戶地區日趨繁榮，金杉、本芝地區也逐漸走向商業化，從目黑川匯入的天王洲到與緊鄰立會川河口部的大井鮫洲，以及品川一帶成為了幕府指定的「御菜八浦[24]」之首。萬治年間（西元一六五八至六一年）的《東海道名所記》當中有關於海苔的記載：「海苔是品川的名產，顏色偏紅，形狀比雞冠藻小」。

江戶人是在一個偶然的狀況之下開始養殖海苔。由於當時不論天候狀況如何，品川都必須獻上魚類給江戶城，因此當時的人會用櫟樹或麻櫟的樹枝做一些簡單的陷阱捕魚，做好隨時都有魚可以進貢的準備。這些木材被稱為「hibi」，而附著在hibi上的紅藻類和藍藻類後來成為了新建的寬永寺內的食材。「生鮮食品送往城裡，素食品送往山裡」這句話最能表現出當時的狀況。海苔（nori）名稱的來源據說是由於海苔非常美味，有如佛法中代表最高境界的「法（nori）」一般，因而得名。

由於上野寬永寺多半是靠自古以來與淺草寺有淵源的人建造，因此在品川取得的海苔，多半也都是由淺草的業者來進行加工。但至於為什麼會把海苔曬乾就不得而知了。有一說法是因為當時淺草正好在收集舊紙再生，師傅從製作淺草紙[25]當中篩紙漿的過程獲得靈感，進而將海苔像製作紙一般乾燥。也就是說，海苔片的製法是將海苔混合淡水之後再用篩紙漿的方式製成薄膜，最後在加以乾燥。到了享保年間（西元一七一六年至三六年），淺草海苔開始在江戶市流傳開來。

經過乾燥後的海苔具有可以「包東西」的特性，因此可以將飯包進海苔內食用，非常方便。也由於淺草海苔與醬油非常搭配，因此隨著醬油的普及，淺草海苔也跟著登上一般人的餐桌。淺草海苔被認為是第一個從江戶「上傳」到上方的食品。

佃煮從江戶名產躍身為全國性的食品

佃煮是口味濃的保存食品，是將海鮮或海藻類調味後熬煮而成。德川家是在西元一五九〇（天正一八）年入主江戶，當時很難確保幕府需要的魚量。為此，德

24 負責向幕府獻上海產的八大海灣之一。

25 現在所說的再生紙。

｜佃煮｜

口味濃厚的保存食品，為海鮮或海藻類調味後熬煮而成。

川家康召來了攝津佃村的三十四名漁夫，成為將軍的御用漁夫，專門捕銀魚。這三十四人是以前德川家康前往攝津多田的神廟和住吉神社參拜時出船相救的救命恩人。

他們最初是住在安藤對馬守的宅邸，到了正保年間（西元一六四四年至四八年），在距大川的河口地有一段距離的地方填海建造了佃島，漁夫們也移居到這裡。

由於德川家康非常喜歡吃銀魚，因此他給與了這些漁夫從伊勢灣到品川之間捕銀魚的特權。每年年底到隔年春天之間，是佃島銀魚的盛產期。正如同松尾芭蕉的俳句當中寫道：「正由於銀魚非常值錢所以銀魚的漁業盛行」，銀魚在當時屬於昂貴的食材。

佃島的漁民為了對給予自己特權的德川家康表達感恩之意，特別在四月一七日，德川家康忌日舉辦「神酒流[26]」的儀式。傳說透過這個儀式，一種名為隆頭魚的魚頭上會出現葵紋[27]，並變成銀魚。

26 住吉神社的祭司乘船將酒倒入河川供奉神明的儀式。

佃島的漁民將隅田川的小魚調味後熬煮，當作是自家用的食材，這就是可以長久保存的佃煮。最初僅是用鹽調味，但漸漸演變成用醬油加味醂熬煮。由於經過長時間熬煮，因此味道濃且連骨頭都變得軟嫩易食。

西元一八五八（安政五）年，漁民將多餘的佃煮拿出來販賣，這種美味、廉價且可以長期保存的食物大受平民歡迎，而那些來到江戶進行參勤交代的下級武士也將佃煮視為珍貴的江戶土產。由於可以長久保存，因此很多武士把佃煮帶回家鄉。佃煮的全國化是以參勤交代為基礎發展的江戶地區成為新文化發源地的有趣例子。

佃煮的烹調方式雖然拓展至日本全國各地，但由於佃煮起源於佃島，所以全國各地類似的食品都被稱為佃煮。

5 從新香到澤庵[28]

「新香」一詞的由來

古時候都是將蔬菜用鹽醃漬後保存。但到了室町時代，禪宗的寺院開始流行用味噌來醃漬蔬菜。八代將軍足利義政的時代，由於在「茶之湯」味噌口味的醬菜受到歡迎，因此醬菜多半為味噌口味。

由於味噌香氣十足，因此被稱為「香」，而醬菜因為是味噌口味的醃漬物，因此被稱為「香物」或「新香」、「香香」。在新香前面加上「o」就成為了「o-shinko（新香）」。

醬菜是飯後用來清除口腔味道的食物，與茶道有很密切的關係。另外，用鹽或

27 德川家的家紋。

28 「新香（shinko）」是用醃漬的醬菜。「澤庵（takuwan）」是醃蘿蔔乾。

米糠味噌醃漬的白蘿蔔，也被當作聞香，用來清新味覺和嗅覺。這是由於白蘿蔔醃漬物的氣味有舒緩鼻腔的作用。當時因為如果單純稱為白蘿蔔的醃漬物有欠文雅，因此，也把白蘿蔔醃漬物稱為「香物」。白蘿蔔是日本具代表性的蔬菜，與茶道、香道擁有密切關係。

明曆大火之時因為販賣木材而致富的江戶富商河村瑞賢被認為是江戶醬菜專賣店的始祖。從伊勢來到江戶的河村瑞賢，因為生活貧困本來打算回到上方。途中在小田原遇到了一位老和尚，老和尚對他說：「如果你逃離繁榮的江戶，那你不論做什麼都不會成功」，被一語驚醒夢中人的河村瑞賢回到了江戶。途中，他在品川發現，中元普渡之後河邊散落許多茄子和黃瓜，於是他便收集這些蔬菜用鹽醃漬，並用便宜的價格賣給工地。這也開啟了河村瑞賢成為富豪之路，而醬菜成為了他成為富豪的契機。

將蘿蔔乾用鹽份低的鹽所醃漬的清爽型醬瓜稱為「bettara-tsuke」。根據習俗，惠比須講祭典前夜的陰曆十月十九日，會在日本橋河大傳馬町的交界地搭建bettara市場，販賣還醃在米糠當中的白蘿蔔。年輕人拿著用繩子綁好的醃蘿蔔，開玩笑似地一邊說著「bettara、bettara」，一邊假裝要綁在婦人的和服上，這也是「bettara-tsuke」名稱的由來。

練馬蘿蔔與醃漬澤庵

日本人對於白蘿蔔有一種強烈的親密感和信賴感。而這種感覺也衍生出了「大根（白蘿蔔）役者[29]」這句話。有人說，雪白的蘿蔔讓人聯想到未經雕琢的外行人，所以才有這樣的形容。但另一種有趣的說法是，因為白蘿蔔「不論吃多少都不會吃壞肚子」，而外行演員不論怎麼演都不會賣座，而吃壞肚子與不賣座在日文用字相同，因此用雙關語嘲弄外行演員。日本人對白蘿蔔有一種親切感和安心感，用白蘿蔔形容外行演員，其實也是不忍苛責不論演什麼都不賣座的演員而來的稱號。

白蘿蔔是歷史非常悠久的食材，在古埃及，白蘿蔔和大蒜、洋蔥一起支撐了建

29 意指尚未經過磨練、演技稚嫩的演員。

造巨大古夫金字塔勞工的飲食。白蘿蔔的原產地被認為是高加索地方或地中海沿岸，但沒有一個真正的定論。古埃及將白蘿蔔當作蔬菜和藥草栽種，但當時的白蘿蔔根細，與現在的白蘿蔔相距甚遠。據說是日本人進行品種改良，才讓白蘿蔔愈變更加粗壯。

猶太社會為了紀念出埃及，會在春天舉辦逾越節。節日上會生祭仔羊，並為了不忘祖先所受的苦難，不吃經過發酵的麵包。至於配料，隨著生菜和荷蘭芹，白蘿蔔也登上猶太人的餐桌上。白蘿蔔是巴勒斯坦春天不可或缺的食材之一。對巴勒斯坦而言，白蘿蔔就像是日本的蜂斗菜或土當歸一般熟悉。

希臘和羅馬也非常盛行吃白蘿蔔。然而他們吃的白蘿蔔根比較細，類似櫻桃蘿蔔，形狀從圓的到細長形的都有，顏色也有白、黃、綠、紅等多種。

距今五千年前，白蘿蔔傳進中國，之後經過多次品種改良。而白蘿蔔是在奈良時代以前就傳進日本，是與一般平民生活息息相關的蔬菜。白蘿蔔在日本一開始被稱為「oone」，到了平安時代中期以後才以漢字「大根」表示。室町時代之後，「大根（daikon）」才成為白蘿蔔的正式稱呼。

江戶時代培育出包括京都的聖護院蘿蔔等不同品種的蘿蔔，是蘿蔔文化的全盛時期。江戶最具代表性的白蘿蔔就是練馬蘿蔔。

江戶幕府的五代將軍德川綱吉在擔任右馬頭[30]的時候曾經罹患腳氣病，雖然多方求醫仍不見好轉，在求助陰陽師占卜之後，被告知：「江戶城的西北邊，選一個有馬字的地方休養將好轉」。聽完之後，德川綱吉選了練馬作為靜養之地，腳氣病也跟著痊癒。德川綱吉在靜養期間為了打發時間，命人從尾張帶回宮重蘿蔔的種子並種植在下練馬村櫻台，這就是練馬蘿蔔的起源。現在練馬區春日町愛染院的境內立有代表練馬蘿蔔起源的「練馬大根碑」。

將蘿蔔放進火鍋當中，蘿蔔會吸滿湯汁，因此非常受到歡迎。另外，製成醬菜之王澤庵也是不錯的選擇。澤庵是將蘿蔔乾燥後用米糠和鹽醃漬而成的醬菜。澤庵的起源有一說是品川東海寺的開山始祖，澤庵和尚，另有一說則是因為東海寺境內澤庵和尚的墓石與用來壓醃漬物的石頭形狀相似，因此得名。還有一說是從

30 訓練馬的官職名稱。

「takuwae-tsuke」的發音在以訛傳訛之下成了「takuwan（澤庵）」。禪僧追求的是簡樸的食物，而澤庵就是將白蘿蔔這種大眾化的食材經過創意巧思普及民間的食物。另外，也固定會在澤庵中加入有藥效的薑黃，將顏色染成黃色。

然而，醃漬澤庵需要花費很大的功夫，這不符合習慣「今日賺錢今日花」且沒耐心的江戶一般平民的性格。因此，商家們傾向請板橋等地區的農家醃漬並保存澤庵，而不是在自己家中放米糠槽醃漬。

6　西瓜、四季豆、番薯

紅色的西瓜遭人唾棄

西瓜起源於西元前二千年的埃及，到了十一世紀左右，透過絲路傳進了中國。

但令人意外的是，要等到江戶時代，西瓜才好不容易傳進日本。西元一六四八（慶安元）年來到日本的黃檗宗僧侶隱元將西瓜的種子帶進了日本。另有一說是在西元一六二四年經由琉球傳到了薩摩。不論是哪一種說法，西瓜都是在中國明朝滅亡、進入清朝的時期傳進日本。最初因為西瓜的果肉是紅色，所以被認為是不祥之物，因此很少人吃西瓜。《和漢三才圖會》記載西瓜味道奇怪且不祥，紅色的果肉與血肉相似。

西元一六五一（慶安四）年，由比正雪之亂擾亂江戶市的安寧，而西瓜就是在隔年傳進江戶。看過西瓜的人開始謠傳，因為「自殺身亡的由比正雪，其亡靈轉移到西瓜上」，所以西瓜的果肉才會是紅色，加深西瓜是不祥之物的形象。要等到西元一七七〇年之後，西瓜才成為一般民眾夏天必吃的食物，非常盛行將西瓜剖開後在路邊攤販賣。

然而，另外還有一種說法，認為西瓜是在十四世紀後半就傳進了日本。據說，南禪寺住持義堂周信，吟了一首與西瓜有關的詩。經這麼一說，曾有傳說飛喜百翁招待利休灑上砂糖的西瓜，而利休卻只吃了沒有砂糖的部分就離去，並告知門人應該享用西瓜本身的甜味。

四季豆原產於巴西

四季豆有一說是黃檗宗的僧侶隱元在逃亡至日本的時候，將四季豆的種子連同西瓜的種子一起帶進了日本。隱元是不願臣服於由女真族所建立的清朝之下，因此逃亡日本。他同時也是將煎茶和普茶料理等素食料理傳進日本的人，當中的芝麻豆腐以及將豆腐和蔬菜過油後清蒸的「kenchin」，到現在仍都廣為流傳。順道一提，「普茶」含有「用茶款待賓客」的意思。

日本稱四季豆為隱元豆，感覺很有中國味。但事實上，四季豆（kidney beans）是「大航海時代」之後，經過世界性大移動的食材之一。

西元一四九二年，哥倫布在經過六十天的航海之後，終於抵達了加勒比海。哥倫布錯把加勒比海當成黃金之國「日本（Zipangu）」所在的「中國海」，又錯把古巴島當成是可汗支配的「契丹（中國大陸北部）」的一部分，而又把古巴島南邊的海地島（伊斯巴紐拉島）誤認成黃金之國「日本（Zipangu）」。

哥倫布派遣使節和翻譯至古巴島，希望可以獲得可汗的接見，但卻失敗。結果在古巴島上發現了吊床、香菸和四季豆。但另有一說認為四季豆原本是哥倫布第二次航海的時候從西班牙帶回的食物。

古巴到現在都還有一種混合黑色的四季豆、稻米以及豬肉或火腿所製作而成名為「Moros y Cristianos（摩爾人與基督教徒）」的料理。這是代表白皮膚的西班牙人統治黑皮膚的伊斯蘭教徒時代的西班牙風味料理。

四季豆經由什麼途徑傳到中國，到現在仍不得而知。推測應該是明朝末年海禁政策崩壞，中國商人走私貿易盛行的時候，由葡萄牙人或西班牙人傳進中國。

葡萄牙人與中國走私商人在福建的月港、長江河口浙江的雙嶼港，之後又在廣州灣的澳門進行貿易。而西班牙人則是在墨西哥的阿卡波可港與菲律賓的馬尼拉港間開啟航路，定期行駛加列翁貿易船（Galleon）。與為了取得銀而來到馬尼拉的福建商人之間有大規模的貿易往來。

明朝《本草綱目》（西元一五九六年出刊）當中有關於四季豆的記載，因此可以推論，最起碼在這個時期之前，四季豆就已經傳進中國。四季豆現在不論是在中華料理或是法國料理當中都被廣泛利用。

因遭到農民起義而衰退的明朝，被東北少數民族的女真族所征服。西元一六四四年清朝成立之後，以沿海地區為中心，開始了反清復明的運動。鄭成功以面向台灣海峽的廈門為根據地，在台灣南部的台南建設據點，並打倒荷蘭人，打造台灣成為商業帝國，積極反清。

當時，許多祈求明朝復興的人都逃亡日本，請求幕府支援。當中包括將黃檗宗這個新興禪宗傳進日本，並在宇治建造黃檗山萬福寺的隱元禪師。據說他在西元一六五四年來日本的時候，將四季豆一起帶進日本。這種原產於美洲的豆子在日本被稱為「隱元豆」。另有一說認為，「隱元」原本指的不是四季豆，而是原產於非洲的鵲豆。

從墨西哥傳來的番薯

原產於中南美的番薯是從墨西哥太平洋岸的阿卡波可港傳到菲律賓群島的馬尼拉，之後再透過貿易交易傳進了明朝。十六世紀後半，為了大量購買新大陸出產且價格便宜的銀和中國的絲綢、陶瓷器，西班牙人行駛加列翁商船橫越太平洋，建立了馬尼拉為貿易據點，這同時也開啟了番薯傳播的路徑。

西元一五七一年，率領五支艦隊離開墨西哥的西班牙人雷加斯皮，占領了由伊斯蘭商人支配的呂宋島馬尼拉港，從此開啟了墨西哥阿卡波可港與馬尼拉的加列翁貿易。加列翁貿易利用太平洋的季風，從墨西哥到馬尼拉的去程僅需花費九十天。然而，乘著黑潮經日本沿海北上，從三陸沿岸開始受到偏西風的影響，返回墨西哥則需要花費近五個月，是困難度非常高的貿易。西班牙人用費盡千辛萬苦從新大陸運回價格便宜的銀，在馬尼拉與中國商人運來的絲綢等各種日常生活用品作交換。據說，西班牙人從亞洲運往新大陸的絲綢，其價格是從西班牙瓦倫西亞搬運到新大陸的絲綢的八分之一。

西班牙人透過馬尼拉這個東亞海域最初的貿易港與中國往來，大量的作物也隨著銀一起從新大陸傳進了中國。當中最具代表性的就是番薯。墨西哥的原住民稱番薯為「kamote」，被當作是加列翁貿易的副產品帶進了呂宋島。番薯在呂宋島也被稱為「kamote」，同樣是貧窮人家的食品。甚至有一句「與kamote過活」的俗語，用來形容貧困的生活。

十六世紀中將番薯從呂宋島運到福建的是福州商人——陳振龍。陳振龍很快發現番薯是農作物，因此將番薯葉的莖藏在船繩裡，偷偷帶回福建。陳振龍的兒子陳經綸，在西元一五九四年福建地區發生饑荒的時候，將番薯當作是最佳救饑荒的食物，獻給了福建巡撫，金學曾。

金學曾認定番薯為最佳解救饑荒的食物，努力普及栽種番薯。為此，番薯又被取名為「金薯」，在福建農民之間廣為流行。金學曾可說是中國的青木昆陽[31]。

明朝末期著名的農業學者徐光啟在西元一六〇八年作物收成差的情況下，聽說了關於番薯的傳聞，因此將番薯帶回上海，致力於普及栽種。在他的代表著作《農政全書》當中記載了番薯的栽種法。徐光啟在福建、廣東等農地不足但國際貿易盛行的地區大規模栽種番薯，拯救了許多人遠離饑荒。

由於番薯在穀物無法生長的貧瘠土地也可以生長，因此到了清朝初期，沿海地區和黃河流域等土地貧瘠的地區都開始栽種番薯。受到番薯普及的影響，從漢朝起就一直停滯在五千萬至一億人的中國人口數，突然暴增至四億人。

番薯經由海上航路於西元一六〇五年左右傳進了琉球，被稱為「唐番薯」，意指「中國的番薯」。

據說，在番薯從馬尼拉傳進福州後十年，琉球官員就從福州帶回了用來繁殖的番薯，以很短的時間就傳遍了琉球。當時琉球受到明朝的禮遇，不受限於勘合貿易的規範，不需要持有勘合符就可以進行貿易。當時也有許多福州人移居琉球。

番薯進入琉球之後，漸漸地佔據了主食的地位。從沖繩本島至附近小島，都如同柳田國男稱其為「唐番薯地帶」一般，都是以番薯為主食。

之後，番薯從琉球傳到了鹿兒島、長崎等地，被稱為「琉球番薯」。尤其在鹿

31 日本享保大饑荒之時，提倡栽種番薯的人。

兒島，其土質屬於火山灰地，農業條件非常不佳，因此盛行栽種番薯。到了元祿時代（西元一六八八年至一七〇四年），番薯的栽種普及於以西日本為中心的地區。

受到庶民青睞的烤番薯店

福建廈門船長李大橫將船隻停泊於長崎的時候，將寫有番薯栽種法的記錄翻成日文，而這個翻譯文傳到了將軍德川吉宗的手上，幕府也從此開始重視番薯的栽種。幕府命精通荷蘭文的學者青木昆陽在小石川藥園栽種番薯，並以「番薯（satsumaimo）」之名，將用來繁殖的番薯分發全國各地。番薯在明和（西元一七六四年至七二年）、天明（西元一七八一年至八九年）、天保（西元一八三〇年至四四年）大饑荒的時候，拯救了許多人的性命，鞏固了最佳拯救饑荒食物的地位。

拯救多人免於餓死的青木昆陽被封為「番薯先生」或「甘薯先生」，受到眾人愛戴。在東京目黑不動（今日下目黑）境內，現在還留有「甘薯先生之墓」。雖然是番薯拯救了饑荒，但青木昆陽熱心促成番薯的栽種，也是功不可沒。

番薯栽種普及之後，番薯以烤番薯之姿受到江戶庶民的青睞。烤番薯誕生於江戶後期的寬政年間（西元一七八九年至一八〇一年），神田甚兵衛所販賣的「原烤番薯」是最初的烤番薯。

栗子（kuri）的日文發音與「九里」相近，而番薯因為擁有與栗子相似的美味，所以又被稱為「八里半」。之後，又有人說番薯比栗子還好吃，而「比（yori）」的日文發音又與「四里」相同，因此番薯有了「十三里半」的美譽。順道一提，在上方流行的是蒸番薯。

7　初鰹和目黑的秋刀魚

虛榮的江戶人和初鰹[32]

到鎌倉時代為止，上層階級的人都將鰹魚視作下等的魚類敬而遠之。到了武士的時代，由於鰹魚的發音與「勝男」相通，為了討吉利，形成了武士在出陣前都會吃鰹魚的習俗。黑潮流過的薩摩、土佐、紀伊、駿河以及伊豆等太平洋沿岸都是鰹魚的產地。《本朝食鑑》記載：「適合生吃。鰹魚油花分布均勻、肉質緊實，夏天是最佳的賞味期。另外可製成柴魚或鰹魚醬」。從中可以看出當時鰹魚有多種不同的吃法。

然而，由於當時運送的機制還不完善，因此很難保持在近海捕到的鰹魚的鮮度，生吃鰹魚也變得很不容易。

在五月吃初鰹的習俗是從元祿時代之後開始，在江戶時代到達高峰。據說，無法吃初鰹對江戶人來說是無與倫比的恥辱，因此江戶人就算「把老婆寄在當鋪」也要吃初鰹。從相模灣運到江戶的鰹魚，在鮮度上實在無法恭維，但據說初鰹一尾值二至三兩。

古川柳也曾在詩歌當中寫道：「每到四月上旬就要拿金幣配味噌」，由此可見初鰹的價格之高。初鰹價格昂貴的理由之一在於初鰹沒有多餘的油脂。與現在不同，當時的人偏好口味清淡的魚類，就算給當時的人錢，大家也都不願意吃黑鮪魚。

然而，這種鰹魚現象是江戶特有的社會現象，並沒有拓展到關西。江戶傳說只要吃初鰹就可以多活七十五日，因此江戶人一窩蜂吃初鰹，這與江戶人愛好虛榮的性格不謀而合。順道一提，當時江戶人會將鰹魚沾芥末味噌享用。

根據大田南畝的紀載，西元一八一二（文化九）年，在四月鰹魚解禁日前的三月二十五日，第一批進到江戶的十七尾（另有一說是十六尾）鰹魚當中，有六尾獻

32 夏天來臨前捕到的第一批鰹魚。

給了將軍，三尾被高級料理亭「八百善」以二兩一分的價格買去，一尾則是被歌舞伎演員中村歌右衛門以三兩的價格買去招待演員和其他工作人員。當時的一兩相當於現在的日幣六萬元以上。

在經濟觀念發達的大阪，認為為了追求地位的象徵而花大筆金錢買初撈上來的魚是一件很愚蠢的事，因此沒有吃初鰹的習慣。瀨戶內海到了四月，迎接產卵期的鯛魚會聚集在淺灘，這被稱作「魚島」。而大阪人喜歡用合理的價格享受「當令」的食材。

為什麼目黑的秋刀魚特別美味？

秋刀魚漁業是日本特有的，其他國家沒有專門捕秋刀魚的漁業。秋刀魚的漁業是是從江戶時代開始。以前僅是打撈在沙丁魚網中的秋刀魚，直到十七世紀後半的延寶年間（西元一六七三年至八一年），在紀伊（和歌山縣）以saira大網（拖網的一種。saira是關西地方秋刀魚的別稱。）捕秋刀魚，才正式開啟了秋刀魚漁業。

安房（千葉縣）隨即興起類似的捕魚法，到了江戶時代中期，秋刀魚首度成為受到大家喜愛的大眾魚。千葉以北是秋刀魚的主要漁場。

江戶時代中期，由太田全齋所編纂的《俚言集覽》當中紀載：「秋刀魚，又稱三馬，乃是魚的名稱。外型與水針魚相似，用鹽醃漬後送往江戶」。從中可知，當時秋刀魚已經是家喻戶曉的魚類。至於漢字寫作「秋刀魚」的原因在於秋天是盛產期，且身長約四十公分，有如刀一般細長。安永（西元一七七二年至八一年）時期，秋刀魚在庶民之間廣為流行，到了寬政（西元一七八九年至一八〇一年）時期，連上層階級也開始流行吃秋刀魚。秋刀魚是江戶時代大眾魚類中的新面孔。

日本有一句俗語：「只要吃了秋刀魚就不用去按摩」，由此可見，秋刀魚被當作是增進健康的食材，廣受民眾歡迎。秋刀魚也成為江戶人秋天必吃的食材。

日本落語[33]當中有一個名為「目黑秋刀魚」的段子，是以庶民的食材秋刀魚為主題。內容描述貴族帶著家臣踏上前往目黑的遙遠路途。途中，貴族在農家休息的

33 日本的傳統表演藝術，類似中國的單口相聲。

時候，農家拿出了秋刀魚款待，貴族難忘秋刀魚的美味。但屬於大眾魚的秋刀魚無法登上大雅之堂，貴族也只能望秋刀魚心嘆。

有一天，貴族前往親戚家拜訪，親戚問他：「有沒有想吃的東西？」，貴族回答：秋刀魚。親戚一邊想著為什麼要吃這種下等魚，一邊到河岸邊買秋刀魚。回來後以高雅的烹調方式，首先將秋刀魚蒸過之後再烤。吃了這個秋刀魚的貴族問親戚魚是從哪來了，聽完親戚告知是從河岸邊買回來之後驚為天人，不禁說出：「秋刀魚還是目黑的好」，結束了這一個段子。這個段子當中揶揄不食人間煙火的貴族，並用秋刀魚道出了庶民的智慧。另外秋刀魚（sanma）的稱呼來自於身體狹長的samana（狹長魚）。

竹輪和魚板的起源

魚漿在日本的歷史悠久，主要目的在於長久保存食品，並增加食材的應用方式。「tsumiire」或「tsumire」指的是將沙丁魚用刀剁成泥後所製成的丸子，歷史非常久遠。鎌倉時代，從宋朝傳進了臼之後，很容易就可以將魚肉磨成泥。

到了江戶時代，盛行竹輪和魚板等魚漿製品。根據西元一六八四（貞享元）年黑川道祐所著的《雍州府志》紀載，最初的魚板是將魚漿裹在竹棒、鐵棒或黃銅棒上再去烤，後來才出現了將魚漿裹在板子上的製作方式。為了區別裹在棒子上的竹輪魚板和裹在板子上的魚板，將前者，形狀與竹輪類似的魚板簡稱竹輪。

關於裹在板子上的魚板，西元一五〇八（永正五）年的《食物服用之卷》[34]（小笠原備前守政清所著）紀載：「聽說吃魚板的禮儀是，以右手取魚板，再換到左手，不觸碰上部，僅用手指拿取中間部分，下面還會放有一個板子。吃過一口之後，再將魚板放回板子上」。從中可以推測，下面有一塊板子的魚板，在竹輪出現後沒多久就有人開始製造。之後，魚板的製作方式融入各地方的特色，不斷成長。小田原、仙台、和歌山、山口等地的魚板都非常有名。

鱈寶（hanpen）是將魚剁成泥狀後再去蒸的食品。關於鱈寶名稱的由來眾說紛

34 記述用餐時日本的特殊禮儀。

紘。其中一種說法是慶長年間（西元一五九六年至一六一五年）一位住在駿府名為「反平（hanpei）」的人首先製造出鱈寶，所以他的名字也成了鱈寶的名稱。另有一說是製作的時候，會將魚漿盛在碗蓋上再去蒸，形狀呈現半圓形（hanei），而發音演變成hanpen也成了鱈寶的名稱。

由於蒸的製作方式比烤的製作方式容易量產，因此現在的魚板大部分都是將魚漿放在板子上之後蒸的「蒸魚板」。

8 江戶的菓子文化與柏餅、金鍔、大福

端午佳節要吃粽子？還是柏餅？

江戶時代的菓子點心花樣多，是一個盛行開發菓子的時代。仔細想想，和菓子

|柏餅|

盛行於關東的和菓子，其形呈圓形或半圓形，以粳米磨製成麻糬再包入甜餡料，並以日語稱為「柏」的槲樹葉對折包覆。

的起源多半為中國，而和菓子是將這些從中國傳來的點心加以「重組」後所開發出的日本點心。而最具代表性的就是關西的粽子和關東的柏餅。

五月五日在日本是「兒童節」，不過這原本是中國五大節日之一的「端午節」。「端」是開端的意思，而「午」與「五」相通。因此，「端午節」指的就是五月開端的節日。

日本在端午節的時候，為了去邪，會掛上菖蒲或艾草，並有泡菖蒲澡，吃粽子、柏餅等習俗。關西盛行吃粽子的歷史悠久，而關東吃柏餅的習俗是在江戶中期之後形成。現在吃的柏餅是用槲樹（日文稱柏）的葉子包麻糬（日文稱餅）所製成，一般認為這是九代將軍德川家重或十代將軍德川家治的時代，也就是寶曆年間（西元一七五一年至六四年），柏餅才演變成現在的樣子。

用來包柏餅的槲樹雖然屬於落葉喬木，但葉子不容易掉落，直到春天長新葉前舊葉才會開始掉落。據說當時的人推崇槲樹葉子的生命力，所以用它來製作柏餅。

柏餅的餡料有紅豆餡和味噌餡兩種，為了作區別，味噌餡的柏餅會將槲樹葉反過來包。

粽子的來源與屈原（西元前三四三年左右至西元前二七七年左右）有關。中國戰國時代（西元前四〇三年至西元前二二一年）末期，秦的勢力壯大，勝過其他六國。秦派張儀（？至西元前三〇九年）前往六國，與六國個別締結維持和平的盟約，提倡「連橫」政策，希望營造出對秦有利的國際環境。

當時在南方大國楚國擔任左徒（政務副官）的屈原，提出了與齊國聯手對抗秦國的「合縱」政策，贏得了楚懷王的信任。

然而，屈原後來被張儀陷害，遠離了國政，楚懷王逐漸向秦國靠攏，屈原雖然以死力勸，卻遭到流放。而大國秦國的魔爪也一步一步向楚國邁進。

屈原眼見楚國即將大勢不保，在洞庭湖附近創作了一連串楚國特有的「楚辭」，當中可見屈原悲憤、報國的情懷。「楚辭」與「詩經」並列中國古詩的兩大經典。《楚辭》當中有一句名言是「懲于羹而吹虀兮」，其原文是：「懲于羹者而吹齏兮，何不變此志也？欲釋階而登天兮，猶有曩之態也」。

不得志的屈原自始至終沒有改變對楚國的愛國情操，但感懷國事不振，竟投汨羅江自盡。楚國也在西元前二二三年遭到秦國滅亡。

楚國人為了紀念屈原愛國的情操，特別在屈原投江的五月五日這天，用竹筍皮包米投入江內慰問亡靈。傳說在漢朝，湖南長沙有一個人見到了屈原的亡靈，屈原說雖然很感謝每年人們都會投米入江，但由於祭品都會被蛟龍搶走，因此希望用蛟龍忌憚的楝樹葉包米，並用五色絲線綁緊。這件事傳開來後，就出現了現在形狀的粽子。不過現在的粽子是用竹葉包裹，且用馬蘭草綁緊後再拿去蒸。在很古早以前粽子就從中國傳進了日本，平安時代的陰陽師安倍晴明將粽子當作惡鬼的象徵，因此只要把粽子擰斷來吃，就代表降伏了鬼怪。

從銀鍔到金鍔的變身

五代將軍德川綱吉的時代，在京都有一種用米作的皮包紅豆餡再去烤的點心，名為銀鍔，在庶民之間廣為流行。「鍔」是刀劍的刃，是因為這種點心的外型與刀刃相似因而得名。江戶時代的貨幣體系主要有兩種。上方使用的是銀，流通的貨幣是丁銀或豆板銀。至於以江戶為中心的關東地區使用的則是金，流通的貨幣是金幣、二分金、一朱金等。因此，銀鍔傳到江戶之後，因為「銀不如金」，所以銀鍔也就成了金鍔。點心本身的外皮也從米製變成了麵粉製。隨著金鍔在江戶地區大為流行，始祖的銀鍔反倒是漸漸地消失了身影。

金鍔的全盛期是文化、文政時期（西元一八〇四年至三〇年）。在吉原的娼妓之間流傳著一首哀歌，歌詞寫道：「就算年齡增長，還是會想吃烤的金鍔番薯」，金鍔當時的人氣可見一般。式亭三馬的《浮式風呂》當中也曾出現銅鑼燒和金鍔的記述。

榮太樓是以販賣高級菓子出名的老舖，當初就是在日本橋舊西河岸附近的小吃攤販賣金鍔起家。

「大象饅頭」和「米饅頭」

到江戶時代中期為止，饅頭在江戶不太有人氣，但一件大事扭轉了這個情況。西元一七三〇（享保十五）年，幾頭大象從交趾國（越南南部）被帶進了日本。大象在從長崎前往江戶的途中，江戶人聽說有人將沒有包餡的饅頭餵食大象當飼料，對鮮少接受外界刺激的江戶人而言，這成為了一大話題，江戶也掀起了「大象饅頭」的熱潮。

順道一提，江戶有名的饅頭是淺草鶴屋的「米饅頭」。這個饅頭也出現在「江戶日本橋」一曲當中，歌詞提到：「鶴與龜與米饅頭」。米饅頭是用米磨成的粉製作外皮，裡面再包進紅豆餡，形狀圓潤，兩邊有稜角，類似烤番薯的形狀，搭上江戶饅頭熱潮的便車，漸漸地成為了江戶最具代表性的菓子之一。另有一說，天和年間（西元一六八二年前後），江戶數一數二的美女阿米是鶴屋的招牌人物，她非常能幹，創造出造型特殊的饅頭，大獲好評，取她的名字命名成了「米饅頭」，到了元祿時代（西元一六八八年至一七〇四年）的時候，成為了江戶最具代表性的菓子之一。

熱呼呼的大福廣受歡迎

大福也是誕生於江戶時代的菓子。大福是在薄的外皮內包入加了鹽的紅豆餡所製成的鶉餅或腹太餅。主要是因為內餡的形狀是圓潤的球狀，因而得名。

西元一七七一（明和八）年，小石川的一名寡婦發明了「大腹餅」，是內餡加了砂糖的鶉餅縮小版。但比起「大腹」，發音相近的「大福」聽起來比較吉利，因此改稱「大福餅」。漸漸地，大福餅淘汰了鶉餅。

田沼時代結束，松平定開始進行寬政改革，這個時期只要到了晚上，江戶街上開始販賣的不是烤番薯，而是烤大福。籃子裡放進小火爐，擺上鍋子烘烤大福，邊走邊賣。在冬天寒冷的夜晚，簡單方便且熱呼呼的大福廣受歡迎。

移動攤販的花林糖

「花林糖」稱作「karinto」，原本是遣唐使從唐朝帶回來的點心，在平安時代被稱為「捻頭」。這種唐菓子經過「重組」後成為了江戶時代大眾化的點心。

江戶時代後期的天保年間（西元一八三〇年至四四年），位於深川六軒堀一位名為山口吉兵衛的人，在麵粉內加入蛋、砂糖製作麵團，將麵團切成長條後油炸，最後再灑上黑糖。「花林糖」推出後，這種又甜，又脆，又有嚼勁，前所未有的口感立刻大獲好評。小販會背上畫有藤繩花紋的箱子，並提著寫有「花林糖」字樣的燈籠到處兜售。有一時期，花林糖非常熱賣，小販的人數高達二百人以上。

到明治末期為止，在東京都可以看到兜售花林糖的小販。身穿制服的小販一邊喊著：「花林糖，就算下雨也清脆」，一邊走遍東京大街小巷兜售。人們對這些小販很有親切感，暱稱他們為「清脆煎餅屋」。

第六章 「洋食」的誕生與餐桌的世界化

1 日本式的「西洋料理」

經過重組後和洋折衷的「洋食」

明治維新之後，日本社會打著「文明開化」的口號，朝向融入歐美文化而努力。然而，就如同「和魂洋才」這句話一般，屬於直型社會的日本對於橫型的歐美社會[1]，接受度有限。拉夫卡迪奧．赫恩[2]（小泉八雲）在熊本高中教書的時候，

1 日本社會重視上下關係，而歐美則是重視左右關係。
2 在希臘出生，後來歸化成日本籍並改名為小泉八雲的小說家。

驚覺外表看似已經劇烈改變的日本，竟然其實一點也沒有變，同樣是直型社會，並指出明治的改革就像是借力使力的柔道一般。

西洋料理的導入，簡單來說就是在日本的飲食文化中加入了肉類。然而，以肉和麥為主的歐美飲食文化不符合日本人的口味，日本人堅守稻米文化。經過長時間不斷地重組，日本的飲食文化當中，逐漸融入肉類。麵包、紅豆麵包以及果醬麵包等食物是以饅頭作為基礎，經過重組後所產生的食品，不過仍然無法佔據主食的寶座。

偏好新奇事物的日本人，從盤腿席地而坐享用的「安愚樂鍋（牛肉鍋）」當中，雖然感受到了時代的變遷，但這對日本人來說僅僅是異文化的體驗，並沒有真正融入日常生活之中。歐美食材經過長時間的日積月累，才漸漸地融入日本飲食當中，與傳統的飲食文化經過「重組」之後，發展出了日本料理與歐美料理折衷的「洋食」。

壽喜燒是傳統的烤肉，但關西風的壽喜燒是傳統壽喜燒與火鍋料理經過重組後得到的產物。炸豬排、炸海鮮則是天婦羅經過重組而來，而饅頭經過重組後發展出了紅豆麵包、果醬麵包。

肉類的解禁是歐美飲食文化融入日本飲食文化的開端。古代由於佛教盛行而一直以來禁吃肉的飲食文化開始有了轉變。西元一八六九（明治二）年，官營的「築地牛馬公司」成立，開始了牛的解體與牛肉的販賣。到了西元一八七二（明治五）年，明治天皇首度吃牛肉。不過，一夕之間想改變長久以來養成的飲食習慣並不容易。

到了西元一八七二（明治五）年，築地出現了西洋料理專賣店的精養軒飯店。西元一八七六（明治九）年，分店的上野精養軒也開始營業。西元一八八三（明治十六）年，東京日比谷開了鹿鳴館，這是官營的社交場所，上流階層開始模仿歐美的生活習慣。然而，被稱為「西洋料理」或「洋食」的異質料理要等到明治至大正期間才終於滲透到一般民眾之間，坊間到處都是某某軒或某某亭，專門販賣「洋食」。，家庭料理當中也漸漸地開始出現「洋食」。

然而，所謂的「洋食」是在維持以稻米為主的情況下，將歐美的食材融入傳統料理之中，屬於和洋折衷的料理。無論如何，日本以稻米為中心的觀念都不曾動搖。明治二〇年代終開發出了包括咖哩飯、牛肉燴飯、蛋包飯等許多某某飯的料理，從中也可以看出以飲食仍是以稻米為主。明治三〇年，模仿法國的「croquette」開發出了可樂餅，深獲大眾喜愛。

「洋食」在大正時代開始普及

長時間不斷「重組」的結果，到了大正時代，日本式的「洋食」成為新的飲食文化分類，獨樹一格。被稱為三大「洋食」的咖哩飯、可樂餅、炸豬排成為時代尖兵，新的食材與烹調法開始滲入每個家庭之中。在這個過程當中累積了許多日本人對於「重組」的創意。高麗菜細絲是炸豬排必備的配菜，但這是在別的國家看不到、日本獨特的創意。應該是從生魚片配菜的「蘿蔔絲」中得到的靈感。

進入到昭和時代之後，肉類已經成為料理中普遍使用的食材，用途廣泛，漸漸地人們也開始可以接受吃牛排。歐美的料理配上日本的調味，以新型態出現在餐桌上。

咖啡原本也一直無法融入日本社會。西元一八八八（明治二十一）年，表現優異的外交官鄭永寧之子鄭永慶在東京上野開了第一家名為「可否茶館」的喫茶店，並以一杯一錢五厘的價格賣出最初的咖啡，但不到幾年的時間就關門大吉。順道一提，當時的一碗蕎麥麵約八厘。咖啡要等到明治末年才終於進入到一般民眾的生活之中。

啤酒屬於新的酒精飲料，美國的威廉·哥布朗於西元一八七〇年在橫濱、七十二年澀谷庄三郎在大阪，首次開始販賣由日本人自己釀造的啤酒。七十六年，北海道開拓使長官也開始在札幌釀造啤酒。不過這些的規模都不大。啤酒要等到明治二〇年代才開始正式地大規模製造。

2 文明開化與壽喜燒、牛肉鍋

因西方文明的移入而甦醒的肉食文化

明治維新之後，牛肉被當作是「文明開化」的象徵。牛肉被賦予了西洋的色彩，並且被認為是美味無比的食材。但日本也並不是一下就開始吃牛排。一開始，人們將牛肉文化與日本固有的火鍋和烤肉結合，發展出日本獨特的牛肉料理。會以和洋折衷的方式，將牛肉融入日本料理的框架之中，這主要與到明治時代為止，日本都因為佛教的殺生禁令而禁止吃肉有很深的關係。

日本受到自然環境的恩惠，長時間維持狩獵與採集的文化，古代也曾理所當然地享用山豬肉、鹿肉等。然而，隨著西元五五二年佛教傳入日本，開始禁止食用牛肉、馬肉等。西元七九一年，朝廷更頒布了「伊勢、近江、若狹、越前的百姓禁止殺牛來拜漢神」的禁令，官方完全否定了獸肉的攝取。

之後經過一千年以上的歲月，美國人在位於下田玉泉寺境內的宿舍中解剖牛隻，這也才又開啟了日本人吃牛的飲食習慣。日本在開國之後，神戶、橫濱等地開始有許多外國人居住，而牛肉的需求量也跟著增加。

由於當時日本很難取得牛肉，因此外國人最初是自己在船上解剖牛肉。到了西元一八六六年之後，在六甲山地的北麓三田地方所飼養的牛才開始在神戶進行解剖，這就是大家所熟知的神戶牛。隨著時代演進，神戶牛也被運送到橫濱、東京一帶。

被投入醬油文化和火鍋料理中的牛肉

西元一八六八年，東京芝地區開了一家名為中川的牛肉火鍋店。一開幕隨即獲得街頭巷尾的好評，許多類似的店家也陸續開幕。這種牛肉鍋是在平底鍋內放進蔥、豆腐、蒟蒻絲與牛肉一起用由醬油、砂糖所調製的醬汁熬煮而成，在關東地區掀起一股熱潮。而在關西流行的是用農家淘汰的「犁（sukisaki）」來烤肉，而這

｜壽喜燒｜

在平底鍋內放進蔥、豆腐、蒟蒻絲與牛肉一起用由醬油、砂糖所調製的醬汁熬煮而成。在關東地區稱為牛肉鍋，關西地區則被稱為壽喜燒。

種料理也被稱為「壽喜燒（sukiyaki）」。這種牛肉料理關東稱為「牛肉鍋」，而關西稱為「壽喜燒」，但兩者皆為和洋折衷的料理。「壽喜燒」將醬油與「南蠻料理」特有的蔥結合，是一種介於烤肉和火鍋之間的日本新型態料理。

假名垣魯文所著的《牛店雜談——安愚樂鍋》描述的是明治初期，牛肉鍋在民間大流行的故事。在當時西洋色彩濃厚的牛肉，其烹調法其實是傳統使用鹿肉、山豬肉、馬肉所製成的紅葉鍋、牡丹鍋、櫻鍋的延伸。新食材藉由傳統的烹調法被賦予了不一樣的新生命。

坂本九著名的歌曲「昂首闊步」在美國被當作是「壽喜燒」之歌大受歡迎。從中可以看出，「壽喜燒」現在已經成為代表日本的國際性料理之一。「壽喜燒」是日本在經過「重組」後所發展出的料理之一，在多元的火鍋料理之中，加入了「牛肉」這個新的元素。日本的火鍋種類豐富，包括將嫩豆腐、青菜、鱈魚用清湯熬煮的「chiri鍋」、口味清淡但料和湯可以一起享用的「寄鍋[3]」、醬汁口味重的壽喜

3 湯底是用柴魚或昆布、菇類、貝類等熬煮，再用鹽或醬油、味噌等調味。料則是白菜、蔥等青菜，以及豆腐等大豆製品、海鮮、肉類等，基本上是什麼都可以放的大雜燴鍋。

燒等。火鍋料理之所以會占據日本料理中心地位的原因主要有三：第一，日本料理少用油，多用水。第二，調味料多用醬油、味噌。第三，火鍋料多用海鮮。

牛肉鍋和壽喜燒後來統一稱為「壽喜燒」。明治初期的牛肉大約六百公克就要十六錢，以當時的物價而言，是非常昂貴的食材。

白菜與日清戰爭

牛肉鍋或壽喜鍋是將牛肉融入日本傳統飲食中的火鍋料理所形成的料理。而火鍋料理當中，最不可或缺的就是「白菜」。雖然有一點偏離主題，不過將簡單介紹「白菜」。白菜與白蘿蔔同樣是日本餐桌上最常出現的食材之一，但其實白菜在日本的歷史並不悠久。白菜可說是日清戰爭所帶進日本的食材。

白菜與高麗菜同類，在中國經過多次品種改良，可說是東亞的高麗菜。有一說認為，白菜是從中亞傳進來的青江菜與西伯利亞的蕪菁在黃河流域結合後的產物。如果這一說法屬實，那麼就代表白菜原本是喝黃河的水長大的蔬菜。

白菜與高麗菜相同，當初是屬於非結球型蔬菜，葉子是打開的，但在經濟活動發達的宋朝首度出現了現在大家熟知的結球型白菜。白菜是中國具代表性的蔬菜，漸漸也傳到東亞，但令人意外的是，日本要到明治時代之後才傳進白菜。

西元一八七五年東京博覽會的時候，有三株來自清朝山東的白菜參加展覽，這也是日本人第一次接觸到白菜。之後的日清戰爭（甲午戰爭，西元一八九四年至九五年）、日俄戰爭（西元一九〇四年至〇五年），出兵中國的日本農民兵看到中國栽種的白菜後驚為天人，將種子帶回日本開始栽種。之後，白菜快速地登上了日本人的餐桌。日本在引進白菜之前並沒有栽種日本種葉菜類蔬菜的技術。

3　日本人鍾愛的咖哩飯

咖哩飯於大正時代在日本扎根

以牛肉鍋為首，日本開始接受歐美的肉食文化，除了引進包括牛肉在內的各種食材之外，漸漸地也開始接受歐美的烹調手法。最早被日本人所接受的就是與米飯結合的咖哩飯。

福澤諭吉[4]是最早將咖哩介紹給日本的人物。西元一八六〇（萬延元）年，在他翻譯的《增訂華英通語》辭典中，首度出現了咖哩（curry）這個辭彙。咖哩飯是透過歐洲進入到日本的米飯料理。西元一八七二（明治五）年，咖哩飯的製作方式也傳進了日本。同年出刊的《西洋料理指南》當中記載著咖哩飯的做法：「將蔥、生薑、大蒜切碎並用奶油拌炒。加入雞肉、蝦、牡蠣、赤蛙熬煮。加入咖哩粉、麵粉繼續熬煮」。

日清戰爭之後，民間開始流行吃咖哩。夏目漱石所著的《三四郎》當中也可以看到咖哩飯的出現。調味屬於西歐風格的咖哩飯，刺激了人們對異國風情的興趣，因而廣為流行，咖哩粉的需求量也跟著增加。在這個風氣當中，出現了希望將咖哩粉國產化的聲音，西元一九一五（大正四）年，日本終於開始製造咖哩粉。

現在大家所熟知的咖哩飯是以咖哩與燉肉結合的形態，在大正時代正式扎根於日本飲食文化之中。另外，西元一九三二（昭和七）年出現了只需要加料就可以簡單烹調的即溶咖哩。咖哩飯特殊的香料可以去除肉類的騷味，也許是因為如此，所以咖哩飯才廣為日本人所接受。

4 日本明治時代著名的思想家和教育家。他的肖象同時也是現在日幣一萬元的紙幣正面圖案。

印度的咖哩

咖哩是以薑黃（鬱金）為基底，混合胡椒、肉桂、丁香等二十種至三十種的香料而成的調味料（綜合香料），這是在香料集中地的印度才有可能發展出的調味料，之後也普及於東南亞。在印度，每個家庭都有每個家庭獨家配方的咖哩。關於咖哩一詞的來源眾說紛紜，但最恰當的說法是起源於南印度的坦米爾語當中代表「（料理的）料」或「含有香料的醬汁」的「kari」。

據說，繞過好望角到達南印度的葡萄牙人，誤把「kari」當成是料理的名稱，傳到了歐洲。在歐洲，咖哩不是調味料，而是被當作是一種料理的名稱廣受歡迎。我以前曾經在斯里蘭卡的首都可倫坡用手吃過一種用香蕉葉包乾鬆的秈稻米配蔬菜咖哩的料理。另外，除了米飯之外，印度還有其他許多配咖哩一起吃的食材。名為「Chapati」的無酵母麵包就是其中一種。

薑黃是決定咖哩風味的基本辛香料，且把咖哩染成黃色。順道一提，大家熟知的日本醃蘿蔔「澤庵」，也是用薑黃染成黃色的。薑黃是印度最重要的辛香料之一，年產量高達三千噸。印度商人進入開口面向孟加拉灣且形狀像喇叭的麻六甲海峽，受到印度文明的影響，東南亞也認為薑黃的黃色是代表高貴的顏色，除了被當作辛香料使用之外，還會被當作化妝品、染料、避邪物使用。

薑黃是分好幾個時期才漸漸地傳進了西方世界。西元一世紀，透過印度洋貿易，薑黃傳進了羅馬帝國，當時被稱為「terra merita（美好的大地）」，代表的是從東方充滿異國風情的地方所傳來的辛香料。這也是英文「turmeric」一字的來源。

歐洲要等到大航海時代以後的十六世紀，薑黃才正式傳入。番紅花是當時高價的染料，而薑黃就被當作是番紅花的代替品。最早進入到印度的葡萄牙人稱薑黃為「印度的番紅花」。而義大利、西班牙、法國等地取印度吠陀梵語中代表番紅花原料（crocus）的「kunkuma」，稱薑黃為「curcuma」。

日本透過琉球的商船與東南亞、中國進行交易，引進薑黃。當時日本把薑黃當做中藥，以及絲綢和棉的染料等使用。中國和日本又把薑黃稱做「鬱金」。「鬱」代表「茂密」，而「金」代表「黃色的植物」。薑黃屬於薑科，吃的部位是生長於地下的根莖部。

印度的殖民地時期與咖哩稱霸世界

咖哩是在印度淪為英國殖民地的時候傳進了英國。西元一七五七年發生了普拉西戰役，英國的東印度公司大破印度的孟加拉王公和法國的東印度公司的聯軍，獲得孟加拉地方的徵稅權，沃倫・黑斯廷斯（西元一七三二年至一八一八年）擔任了英屬印度的首任總督。而他也就是將印度米和辛香料帶回英國，並將咖哩當作是一種新型態的料理，介紹給歐洲社會的人。沃倫・黑斯廷斯是在西元一七七二年，首度將咖哩帶進了英國。

將蔬菜和肉類用薑黃染色的辛香料熬煮後淋在印度米上的咖哩、咖哩口味的肉湯（mulligatawny）等，在英國廣受好評，英國的Crosse & Blackwell公司領先全世界，首先將咖哩粉商品化。為了增加咖哩的黏稠度，會在咖哩內加入麵粉，這種被稱為「roux」的技法是重視醬汁文化的法國人將法式料理與咖哩結合下的產物。咖哩飯也跟著傳進法國，被稱為「riz au cari」。

4 「初戀的滋味」是從蒙古而來

乳酸飲料和遊牧民族文化

中亞大草原是「可爾必思」這種乳酸飲料的故鄉。從蒙古到土耳其的大草原地區都會喝這種乳酸飲料，其整腸作用受到矚目。遊牧民族會將小馬養大到一定的程度，等到小馬不再需要喝馬乳之後的六月底到十月底之間，擠出三百至四百公升的馬乳後經過發酵，製造出酒精濃度百分之一至三的馬乳酒。馬乳酒的製法非常簡單，將擠出的馬乳放進皮革製的袋子內，用棒子攪拌七至十天，藉由附著在皮革上的乳酸菌和酵母菌的作用發酵，就可以製作出馬乳酒。

由於馬乳酒的酒精濃度低，就算一連喝好幾大碗也不會醉，因此，蒙古人沒事就喜歡喝馬乳酒。根據調查，蒙古人男性，一天大約可以喝掉四公升的馬乳酒。

可爾必思和大正羅曼

西元一八六二年，荷蘭人司乃耳開始在日本販賣牛奶。到了西元一八六六年，出身於千葉縣白子町的前田留吉向荷蘭人學習酪農的技術，開始在横濱販賣牛奶。在開拓使[5]開發北海道之後，引進了美國的酪農技術，開始製造接近現代的牛奶。一般的農家要等到第一次世界大戰前後，才導入酪農技術。日本是基於不要浪費剩餘牛奶的精神，才開始製造乳製品。酪農的普及與乳製品可說是有很深的關聯。

日本將優酪乳稱為「凝乳」，是在明治二〇年代，利用多餘的牛奶製造，當初是被當作整腸劑飲用。日本最有名的優酪乳是西元一九一二（明治四五）年，由東京的阪川牛乳店販賣的「Kefir」，這是與優酪乳相似的滋養型食品。

三島海雲[6]於西元一九〇二（明治三十五）年前往中國，並在西元一九一五

（大正四）年遠赴蒙古。回到日本之後，他從蒙古人的馬乳酒中得到靈感，製作出了與優酪乳不同口感的牛乳飲料——「醍醐味」。一開始他是在從牛奶提煉出的鮮奶油中加入乳酸菌製造，但由於成本過高，因此他想到利用脫脂牛奶所製成的脫脂奶粉來取代鮮奶油。如此一來，成本就可以大幅降低。

說到脫脂奶粉，日本人都會想到，二次世界大戰後，學校營養午餐會發的難喝牛奶。然而，只要加乳酸菌發酵，再加上砂糖調味後，風味馬上變得不一樣。自此之後，原本沒有容身之地的脫脂奶粉，出現了新的用法。將脫脂牛奶取代蒙古的馬乳，日本特有的乳酸飲料就此誕生。這種將動物的乳經由發酵後所製作食品是自平安時代以來就不曾有的做法。這也是異國文化日本化的例子之一。

可爾必思是將經過脫臭殺菌且降溫至三十度的牛奶加入乳酸菌，經過三十小時的發酵之後再加入糖份和鈣質，經過高壓均質化後所製造出的乳酸飲料。其名稱

5 西元一八六九年至一八八二年（明治二年至一五年）日本為了開拓北方而設置的單位。

6 「可爾必思」的創建人。

（Calpis）是結合蒙古的乳酸飲料「sarpir（中文稱熟酥，次等味道之意）」和牛奶的鈣質（Calcium）而成。可爾必思是在第一次世界大戰結束後的西元一九一九年七月七日開始販售。

順道一提，可爾必思是由作曲家杉田耕作與當時芝學園的校長渡邊海旭所命名。到現在仍然沿用可爾必思這個名稱與當時的名廣告詞「初戀的滋味」。

5　第一次世界大戰的德國戰俘將香腸傳進日本

德國戰俘移植日本的香腸

香腸是在第一次世界大戰的時候傳進日本。當時日本出兵山東半島，占領了屬於德國租借地的青島。四七一五人的德國戰俘之中約一千人在西元一九二〇（大正九）年至西元一九二〇（大正九）年之間，被集中在千葉縣習志野的收容所之中。

德國戰俘與當地居民之間有了許多的文化交流，煉乳、美乃滋、西點、紅酒的製造法以及德國音樂等就是在這個時候傳進了日本，當中又屬香腸最知名。千葉縣的習志野也成為了「日本的香腸發祥地」。

被集中在千葉縣習志野收容所的德國戰俘之中，很湊巧地，有五人是香腸的製造師傅。不需多說，德國是長期孕育香腸文化的國家。第一次世界大戰的時候，日本有了接受「灌香腸」文化的機會。五位戰俘之中，香腸的製造技術又以卡爾・楊最為優秀。設立在千葉市的農商務省之畜產試驗場在西元一九一八年請卡爾・楊擔任主任一職，進行香腸加工的實驗，許多的日本人從中學習到了製造香腸的秘訣和技術，並推廣至日本全國各地。

香腸是在牛或豬的直腸、羊的小腸以及牛的盲腸中，灌進用鹽浸泡過或是用水煮過後剁成泥的牛肉、豬肉和辛香料，經過乾燥、水煮或煙燻所製成的食品。同年，西元一九一八年，東洋製罐公司在日本首先開始加工製造火腿、培根以及香腸等。使用魚肉所製造的魚肉香腸與魚板和竹輪同樣屬於魚漿類製品，因此很快地融入了日本的魚食文化之中。

西元一九二二年，明治屋[7]在日本政府的推薦之下，雇用了原是德國戰俘的范．豪滕和赫魯曼．華許，正式開始製造火腿和香腸。西元一九二五年，有「胃袋傳教士」之稱的德國人卡爾．雷蒙正式在函館開始製造火腿和香腸。昭和初期，大木市藏在東京銀座尾張町開了日本人第一家火腿與香腸的專賣店，備受矚目。

日本固有的香腸是表面經過紅色染色而成的維也納香腸。這是在昭和中期所開發出的香腸，當時還很難確保高品質肉類的來源，所以才利用染色來隱藏肉色。

將肉發酵的智慧

為了保存容易腐壞的魚和肉，人們會使用鹽或利用乾燥後保存。例如在日本關西，由於盛行製鹽，因此會用鹽來保存魚。至於少用鹽的關東以北，則會把魚經過乾燥後保存。保存肉類也是同樣的狀況。鹽在中國屬於貴重的食材，因此肉類多半是曬乾後保存，而鹽相對比較豐富的地中海地區則會使用鹽來保存肉類。

在歐洲，香腸的種類如辭典條目數量般眾多，英文的香腸起源於拉丁文中代表「鹽」的「sal」，被稱為「salsus」，意指用鹽醃漬的肉。另有一說，香腸（sausage）是結合代表母豬的「sau」和代表某種香草的「sage」而來。紫蘇科的鼠尾草也就是一串紅，被當作是用來消除香腸豬肉中的騷味使用，在從印度被當成香料傳進歐洲之前，在歐洲屬於是藥草。

到了以香腸聞名的德國，就算用「sausage」這個字，德國人也聽不懂。這是因為，「sausage」是英文，而德文稱香腸為「Würst」。又粗又大的「法蘭克福香腸」在德國被稱為「Frankfurter Würst（法蘭克福風味的香腸）」。

香腸原本是一種加工食品，將鹽漬的絞肉加入辛香料和調味料拌勻，再灌入密封性佳的動物的腸子內。利用腸膜的強韌度所開發出的食品加工技術，是經過長時間經驗與智慧的日積月累而來。香腸的歷史比以豬腿肉為語源的火腿還久遠，西元前八世紀的荷馬史詩《奧德賽》中就已經出現灌有肉與血的羊胃袋。香腸是當時士

7 日本知名的食品、酒類製造販賣商。

兵攜帶用的重要食物。

6 日中戰爭帶來的餃子

舊曆年代表好兆頭的食品

江戶時代的《清俗紀聞[8]》（西元一七九九年發行）當中雖然有關於餃子的紀載，但當時在日本，餃子幾乎完全不普及。據說，到昭和初期為止，東京沒有任何一家中華料理店在賣餃子。現在已經滲透每個日本家庭的餃子，是要到日中戰爭、第二次世界大戰之後才進入到日本的餐桌上。悲壯的日中戰爭同時也是餃子進到日本的契機。敗戰之後的日本從「舊滿州」撤退的時候，將普及於一般中國家庭的餃子帶回了日本，僅僅二、三年的時間就爆發性地傳遍日本全國各地。餃子可說是在悲劇下產生的飲食文化交流。餃子的日文發音（kyoza）據說是滿州的山東腔經過日本人誤傳所演變而來。餃子的背後可說是有一個悲慘的歷史背景。戰爭有時也會伴隨廣大的文化交流。

餃子和餛飩都是將麵粉作的薄麵皮包進餡料經過煮或蒸後食用，是中國自古以來的傳統料理。日本人同時吃餃子和餛飩，但在中國卻有劃分。中國南方吃餛飩，而北方吃餃子。

餃子現在是中國人每到舊曆年除夕時，為了討好兆頭而必吃的食品。餃子發音與「交子」相近，被認為是代表多子多孫的吉祥食品。另外，由於餃子的外形呈現半月狀，這與元寶銀、馬蹄銀等的銀兩相似，因此也有招財進寶的意思。

中國在明朝以前，並不稱餃子為餃子。晉、唐時代被稱為「牢丸」，而到了宋朝，又因為其外型而被稱為「粉角」、「角兒」、「角子」等。西元一九七〇年代，從吐魯番盆地阿斯塔娜古墓中的唐朝遺跡中發現了餃子。

8 關於清代乾隆時期中國江、浙、閩一帶民間傳統習俗及社會情況的一部調查記錄。

順道一提，「牢丸」的「牢」代表的是家畜的小屋或是牢獄。而「丸」代表的則是肉餡。整體而言，「牢丸」指的就是用麵皮包肉丸子所製成的食品。現在的餃子共有水餃、蒸餃以及煎餃等三種製作方法，而餃子的種類則多達一百種以上。

餃子最早是在江戶時代中期傳進日本，正如之前所述，當時並不普及。餃子屬於扎根於日本的中華料理中資歷尚淺的食物。

餛飩為何又被稱為「雲吞」？

相對於中國北方的餃子，南部地方則是將餛飩當作是日常的點心食用。至於在外形部分，相對於北方的餃子堅守傳統，南部的餛飩外形變化多端。

餛飩在廣東話被稱為「雲吞」，其背後的含意非常有趣。「雲吞」與長久以來支持強大官僚社會的嚴格「科舉」制度有密切的關係，是受到官僚制度影響的一種食品。

傳統的中國沒有「國家」的觀念，而是將社會視為「天下」，也就是世界。由多個民族所形成的世界，自秦帝國之後，二千年以來都維持以漢字書寫文書，並擁有龐大數目的官僚。當中又以西漢武帝（西元一四一年至八七年在位）時代推廣儒家思想為國學的影響最為深遠。漢字與文書、班固、儒學等，讓中國有辦法統治擁有不同語言的多民族。

到了宋朝，用來選拔官吏的「科舉」制度確立，共可分為三年一次、在地方舉行的「州試」，和中央禮部（相當於日本的文部科學省）舉行的「省試」，以及皇帝親自主考的「殿試」等三階段。在這三個階段當中，想要通過「州試」是一大難關，很多考生在這個階段就被淘汰。一旦落榜，就必須再等三年才有機會重考，為了在考試的時候不要緊張失常，考生和考生的父母都下足了功夫。

廣東會將餛飩寫成「雲吞」，主要就是希望考生不要緊張，並可以充滿能量，所以才會取「吃雲」的誇張名字。在京城舉行的科舉中央考試更為嚴格，考生必須攜帶寢具和食糧，在被稱為「貢院」的考場內接受三十小時以上的考試。

關於考試內容，基本上都是儒家經典的填空問題，屬於需要死記型的考試，因此，希望有朝一日成為官僚的人，從六歲左右開始學習多達四十三萬字的儒家經典，並努力記憶字數超過經文兩倍以上的注釋、史書等。科舉的嚴格程度與現在完全無法相比。

餛飩與官僚制度，兩者之間看似「八竿子打不著關係」，但實際有很深的淵源。

7 美軍普及了沙拉和萵苣

來自墨西哥的凱薩沙拉

日本之前並沒有「生吃」各種蔬菜的習慣。二次世界大戰後，美軍占領日本，受到美國人的影響，日本才開始大量吃生菜沙拉。

西元一九四九（昭和二十四）年十二月二十四日，當時被當作美國陸軍總司令部（GHQ）的帝國酒店舉辦了聖誕節晚會。晚會上出現了將白色醬汁淋在萵苣等生菜上，再灑上帕馬森乳酪和麵包丁所製成的凱薩沙拉。這是凱薩沙拉第一次出現在日本的公共場合。

一說到凱薩沙拉，很多人就會聯想到古羅馬英雄尤利烏斯·凱撒（凱撒大帝），但事實上，兩者並無關聯。在美國禁酒令時代，居住在好萊塢的人們會特地前往墨西哥邊境的提瓦納喝酒，而凱薩沙拉就是當地的義大利廚師凱薩·卡狄尼利用手邊現有的食材所創造出的簡單料理。漸漸地，這道簡單的料理成為了提瓦納的知名料理，經由美國觀光客帶進了美國。凱薩沙拉在西元一九二〇年的美國禁酒令的時代背景之下傳進美國，可以說是因為禁酒令牽線才傳遍美國的墨西哥料理。

沙拉（英文稱saland，法文稱salade）是從拉丁文中代表「鹽」的「sal」而來。古代羅馬會在新鮮蔬菜上灑鹽來減輕蔬菜的苦味。阿爾卑斯北部的西歐和美洲之後傳承了古羅馬這種用鹽來讓蔬菜容易入口的習慣。

順道一提，一說到沙拉，很多人就會聯想到美乃滋或沙拉醬等。最近的沙拉醬有許多不同的種類，但最早的沙拉醬是西元一九〇〇年美國推出的法式沙拉醬，之後沙拉醬的種類愈來愈多元。法國並沒有沙拉醬（dressing）這個字，而是使用醬汁（source）一詞代替。法文的「醬汁」一詞同樣起源於拉丁文中代表鹽（sal）的俗語「sala」，用鹽當作基本調味料這一點與沙拉醬相同。

曾被當作是春藥的萵苣

隨著沙拉文化在日本扎根，美國人喜歡的萵苣有驅逐早已普及日本的高麗菜的趨勢，成為了日本餐桌上的新勢力。

萵苣含有大量水分且有一點苦味，但令人意外地，萵苣是原產於西亞與地中海沿岸的菊科植物，與菊花屬於同類。但經這麼一說，萵苣的確會綻放類似菊花的小花。

西元前六世紀波斯的阿契美尼德王朝統一東亞，而萵苣是會出現在當時波斯貴族餐桌上的食材，歷史非常悠久。古希臘統稱莖部可食的蔬菜為「Asparagus」，而其中最具代表性的就是萵苣。

萵苣是希臘、羅馬具代表性的蔬菜，但由於萵苣莖部的形狀讓人聯想到男性生殖器，以前曾被當作是春藥。希臘神話中有一則老人變身為花花公子的傳說。來茲波斯島的老船長菲昂在載「美麗之神阿芙蘿黛蒂」到小亞細亞的時候，由於菲昂堅持不收船費，為了表達謝意，阿芙蘿黛蒂將菲昂變身成一個年輕的美男子。變身後的菲昂面貌姣好，迷倒眾生。女抒情詩人莎孚也被菲昂吸引，但卻遭到菲昂的拒絕。求愛不成的莎孚將菲昂推下了Leucas斷崖。傳說，阿芙蘿黛蒂將喪命的菲昂化成了萵苣菜。含有苦味的萵苣被當成是春藥、催情藥。順道一提，據說求愛不成的莎孚最後也自殺身亡。

英語的萵苣（letuce）源自拉丁文中含有「流出乳狀液體」之意的「lactuca」（lac含有「乳」的意思）。由於切開萵苣的莖和葉後會留出乳狀的液體，因而得名。順道一提，日本人稱萵苣為「chisha」，源自於「乳草」，與歐洲的想法類似。萵苣的種子加水熬煮後的湯汁，據說具有為第一次生產的婦人消除胸部硬塊的藥效。

萵苣有結球萵苣和不結球萵苣兩種，後者在奈良時代就已經從中國傳進了日本。然而，結球萵苣是在幕府末期才從美國傳進日本。到了二次世界大戰之後，為了因應占領日本的美軍需求，萵苣的栽種法才廣為流傳。

美國人似乎非常喜歡口感清脆的萵苣。在詹姆士・迪恩主演的《天倫夢覺》當中，有一幕就是在描述為了保持萵苣的鮮度，將萵苣冰鎮後才用貨車運往東部。

8　漢堡排與「漢堡」的世界化

肉食文化是從烤肉和漢堡排開始

最近的日本人遠離了長久以來熟悉的魚食文化，轉向肉食文化。肉食文化尤其滲透在年輕一輩之中。肉類是在二次世界大戰之後，更正確應該說是在西元一九七〇年代之後，才在日本的餐桌上稱霸，但日本人直到近代才開始吃牛排。為日本人的飲食習慣帶來巨大變化的首先是日裔朝鮮人和日裔韓國人，以及他們的烤肉文化。將牛肉或豬肉的肉片和內臟用炭火烤過後沾芝麻醬等多種沾醬食用的烤肉與米飯非常契合，因此在不知不覺中就融入了日本飲食文化。日本人接受烤肉這個異質文化的另一個理由是，烤肉文化之中原本就充滿了日本先人的智慧。在日本將朝鮮當作殖民地統治的時代，許多朝鮮人被迫移居日本。雖然這是一個不幸的歷史，但居住在日本的日裔朝鮮人和日裔韓國人用烤肉當媒介，拉進了日本與肉食文化的距離。擁有融合朝鮮、韓國、日本飲食文化能力的日裔朝鮮人，為日本帶進了烤肉文化，這也是非常合理的一件事。朝鮮是在由蒙古人統治的元朝征服高麗的時候，引進了肉食文化。日本最早的烤肉店是在西元一九四六年在新宿開始營業的明月館。

當時，牛排還屬於高不可攀的料理，而在高度經濟成長期，受到家庭主婦青睞的是外型與傳統魚漿製品相似，且價格比較合理的漢堡排。漢堡排是因為其料理的方式，而受到日本人的喜愛。

西元一九七〇年代，透過漢堡排的調理包、家庭餐廳以及學校的營養午餐，在口感上某些程度與日本料理相似的漢堡排廣受日本年輕人的喜愛。漢堡排可說是日本家庭接受肉食文化的先驅。漢堡排之後，牛排文化才開始慢慢為人們所接受。

漢堡的世界化

速食店所販賣的漢堡也為漢堡排滲透日本家庭貢獻了一份心力。漢堡是將漢堡排夾在名為「buns」的小型麵包中的食品，被視為是三明治的一種。

關於三明治有一個有名的故事。十八世紀中，視賭如命的英國「三明治伯爵」——約翰・蒙泰格（西元一七一八年至九二年），在倫敦的俱樂部玩撲克牌的時候，差人用麵包夾冷盤肉，如此一來他就可以一邊吃，一邊打牌，這也被認為是三明治的起源。「三明治」後來在德國大為流行，並滲透於一般家庭之中。這也是「漢堡」的基礎。

順道一提，在命運的捉弄之下，三明治伯爵在他三十歲的時候被任命為海軍大臣，在美國獨立戰爭（西元一七七五年至八三年）的時候，率領海軍前往原本屬於英國殖民地的美國作戰。

至於夾在漢堡中的漢堡排是從蒙古的「韃靼生牛肉排（Steak tartare）」演變而來。「韃靼」一詞被認為是源自「韃靼人（Tatarlar）」，而韃靼人又是源自於希臘神話中代表地獄的「Tartarus」。

「韃靼人」指的是十三至十四世紀在歐亞大陸建立橫跨東西巨大帝國的蒙古人，歐洲人非常害怕蒙古人，因此以代表地獄的「韃靼」來稱蒙古人。蒙古人習慣將因為吃野草而肉質較硬的馬肉切成細絲，裝進羊的腸子內，並放在馬鞍下，等到肉質軟化後再食用，可說是從生活的智慧中衍生出的烹調法。這種吃生牛肉的方法，傳進了被蒙古人統治長達二百年的歐洲，成為了形狀類似牛排的生牛肉排。生牛排又經由波羅的海傳進了德國。

以前的德國人習慣吃肉質硬的牛肉，後來從俄羅斯學習到了將肉切細後燒烤的烹調方式。這種料理在德國的港口都市——漢堡大為流行，料理也被命名為「漢堡排（Hamburg Steak）」。到了西元一八五〇年，從漢堡移居到美國的德國移民，將漢堡排的製作方式帶進了美國，美國稱這種料理為「hamburger」。西元一九〇四年，在聖路易斯萬國博覽會上出現了將「漢堡排（Hamburg Steak）」夾在

「buns」裡面的商品。

「漢堡」是在距今半世紀前才開始成為美國最具代表性的食品。理察和莫里斯．麥當勞兩兄弟於西元一九四八年，在洛杉磯郊外開了一家得來速，開始販賣「奶昔」，一夕成名。他們限定商品種類，並利用工廠生產線式管理來大量製造商品，進而降低成本，成功地將一個「漢堡」的價格壓低到美金十五分。

到了西元一九五五年，專賣奶昔機器的業務員雷．克羅克買下了麥當勞的經銷權，並在芝加哥的郊外開了第一家麥當勞快餐店。他成功地解決了漢堡品質均一和清潔方面的問題，並將版圖從美國擴展到加拿大、日本等地。日本第一家麥當勞是在西元一九七〇年開幕。西元一九八〇年代，隨著麥當勞以世界規模快速成長，現在世界各地都可以看到麥當勞的蹤影，成為了每天都有大約四千萬人消費的「世界級商品」。

可口可樂與清涼飲料的新文化

二十世紀初，美國製造的清涼飲料「可口可樂」和「百事可樂」，在世界大恐慌的西元一九三〇年代中成為了世界級的飲料，第二次世界大戰之後，拓展到了全世界。這種清涼飲料是在西元一九五〇年代末期傳進了日本，藉由巧妙的宣傳，融入年輕人的生活之中。現在，清涼飲料已經成為人們生活的一部分。然而事實上，這種清涼飲料的歷史非常悠久。

可口可樂是在西元一八八六年，美國亞特蘭大的藥劑師在實驗製造焦糖色糖漿的時候，偶然發明出的配方。西元一八九八年，北卡羅萊納州的藥劑師在調配腸胃藥的時候，偶然發明了百事可樂的配方。兩者當初都只是在當地流行的飲料，後來則被企業家買走專利權，在經過強大的販賣網絡和猛烈的宣傳後，成為了全美家喻戶曉的飲料。「可口可樂（Coca-Cola）」之名是結合中南美古柯的果實（coca）和非洲的可樂果（cola）而來，兩者都具有滋補強身的功效。

「可口可樂」當初是在藥房被當作藥劑販賣，兩名律師在知道可口可樂後，想出了將可口可樂裝進瓶子裡販賣的方式。西元一八九九年，兩名律師以美金一元的價格與可口可樂簽約，並在田納西州開了最早的裝瓶工廠。他們在每一個地區建造專門裝瓶的工廠，並負責販賣，創造出了可口可樂獨特的裝瓶系統。

「可口可樂」公司於西元一九二八年贊助阿姆斯特丹奧運會，並動用好萊塢電影明星，開始策略性地向全世界大肆宣傳。西元一九三〇年，可口可樂的工廠橫跨全世界三十個國家。現在幾乎世界上所有的國家都可以看到可口可樂，反而沒有販賣可口可樂的國家屈指可數。

9 餐桌與哆啦A夢的口袋

改變家庭的冰箱和微波爐

最後將簡單探討現在關於「飲食」的問題。西元一九七〇年之後，隨著隨著全球化和冷鏈物流的大規模發展，日本的飲食一下子進入了「飽食時代」。

對於在此為止經過長時間不斷地重組，且審慎融合來自世界各地的食材與料理的日本飲食文化而言，進入了如暴風雨般的變化過程。世界各地的食材、調味料、辛香料以及烹調法等滲透日本的廚房，在大都市到處都可以看到經過日本化的中華料理、韓國料理、印度料理、法國料理、義大利料理店，以及受到美國影響的速食店。飲食文化進入了前所未有的全球化轉換期。

食品的冷凍與冷藏技術進步、網路等資訊革命、貨櫃運輸的運輸革命等都是引起飲食文化轉變的原因。現在，結合多樣技術的系統，在帶給人們方便的同時，也引發了許多問題。受到自然環境的恩惠，長久以來靠著不斷地重組而發展出獨自飲食文化的日本，也受到經由冷鏈物流所運來的食材和烹調法的衝擊。

與地球規模的冷鏈物流結合的是家庭的冰箱與微波爐。冰箱就好像是多啦A夢的口袋一般，不斷地供給食材。另外，隨著冷藏和冷凍食品的普及，除了需要低溫保存食品的技術之外，可以在短時間內解凍食品的技術也是不可或缺。市面上流通的大量食材，其中大部分都添加了防腐劑、色素、香料等的工業製品。家庭當中也非常盛行使用包括咖哩粉和高湯塊等可以簡單烹調的半成品。

在這樣的時代背景之下，同時具備解凍功能的微波爐，與冰箱同樣成為了每個家庭的必備品。兩者都處於以全球規模不斷循環的冷藏與冷凍食品的末端。

微波爐是利用電磁波的加熱器，取代了火所產生的紅外線來加熱食品。微波爐雖然可以加熱，但卻無法製造出食物表皮酥脆的特殊口感。不過，如果僅是將已經烹調好的料理加熱，微波爐只需二、三分鐘，且不會弄髒廚房。現在，經過烹調的微波食品種類豐富，不論何時，每一個人都可以簡單享用食品。但不是所有的東西都是只要簡單就好。

以前使用火的烹調法非常費工，但也孕育出了「家族」這個以餐桌為中心的共同社會。烹調是經過許多不同步驟後才與餐桌聯在一起。也就是說，家族成員一起烹調，一起享用。就如同「同吃一鍋飯」的俗語一般，一同吃飯，可以聯絡家族成員的感情，並培育信任感。

然而，便利的微波爐不僅減少了大家一起烹調的機會，更增加了一個人獨自飲食的可能性。過於依賴微波爐反而讓人們孤立，也漸漸地破壞了至今不斷教育人們的飲食文化。我認為，在使用工具之前，有必要先綜合性地評估工具的優缺點之後，再判斷是否要將其融入生活之中。

冰箱稱霸時代的危機

冰箱處於以全球規模搬運冷藏與冷凍食品網絡（冷鏈物流）的末端，支撐著所謂的「飽食時代」。的確，冷鏈物流增加了人們生活上的便利性，但也因為食材可以長久保存，反而造成了食物資源的亂開發，為地球增加了龐大的負擔。

現在地球上共有二百數十個百萬人口都市，世界六十數億人口當中有六成都集中在都市生活。為了滿足都市人對於飲食的貪念，導致自然環境遭到胡亂開發、使用人工肥料的農作物大量生產，以及利用基因改造技術生產食材的普及等。日本的糧食自給率以卡路里基礎來說為百分之四十，大部分仍然依賴冷鏈物流從海外輸入。一想到如果發生什麼事，導致食糧供給大亂，其後果可說是不堪設想。也不禁讓人重新思考，現在這樣的模式真的沒問題嗎？

例如，日本的農林水產省以西元二〇〇八年在日本國內生產的食材為基礎，模擬出了在確保每人每日卡路里攝取量維持在二〇二〇大卡的情況下，全部使用日本國內生產食材時的菜單，其內容如下。

早餐——米飯小茶碗一碗（白米七十五公克）、炒馬鈴薯一盤（馬鈴薯二個）、醬菜（用米糠味噌醃漬的青菜九十公克）

午餐——烤番薯二條（番薯二百公克）、四分之一個蘋果、蒸馬鈴薯一個（一百五十公克）

晚餐——米飯小茶碗一碗和烤番薯一條（番薯二百公克）、烤魚一塊（魚塊

八十四公克）

每九日吃一次肉類（平均每日十二公克）、每七日吃一顆蛋、每六日一杯牛奶、每三日二盒納豆、每日天一碗味噌湯、每日天一碗烏龍麵（每日平均小麥攝取量五十三公克）

這個菜單血淋淋地反映出日本農業、水產業、畜牧業的貧乏。日本的飲食現在完全依賴冷鏈物流，人們必須認知道惰性是與便利性是成正比成長。如果遇到連續大停電，不難想像，冰箱內的食材將會腐壞，人們的飲食也會陷入危機。誰也不敢斷定國際經濟會一直維持安定，在這樣的情況之下，人們有必要從多方面、多角度地重新審視現在的飲食文化。

看到西元二〇〇八年的次級房貸風暴造成了股市崩壞，深深覺得在發展飲食文化的時候必須要將不可測的危機所可能引發的影響也列入考慮。我們除了必須注意冰箱已經成為冷鏈物流末端食材倉庫的現狀，更應該從平時就開始設想當環境變化時的應對法，以便維持安定的飲食。

挑選食材的時候不應該單就價格的高低作判斷，同時也應該將食材的製造方式列入考慮。「直產直銷」（地域生產、地域消費）也是應對的一種方式。正因為我們的餐桌直接與農業、水產業、畜牧業相連，我們的餐桌也擔負培育農業、水產業、畜牧業的重責大任。

現在覆蓋全球的巨大系統直接統治了我們的餐桌，而我們也必須思考這種模式可能引起的風險。正因為全球化，所可能擔負的風險也是非常巨大的。所謂的「風險」就如同沒有海上地圖的航海冒險，隨時有可能遭遇到無法預測的危機。

ISBN 978-957-8630-73-4

餐桌上的日本史（全新插畫版）

作　　者　宮崎正勝
譯　　者　陳心慧
執 行 長　陳蕙慧
行銷總監　陳雅雯
資深主編　賴虹伶
校對協力　何亞龍
封面設計　盧卡斯
內頁排版　簡單瑛設

社　　長　郭重興
發 行 人　曾大福
出 版 者　遠足文化事業股份有限公司
地址：231 新北市新店區民權路 108-2 號 9 樓
電話：（02）2218-1417
傳真：（02）2218-2027
E-mail：service@bookrep.com.tw
郵撥帳號　19504465
客服專線　0800-221-029
部 落 格　http://777walkers.blogspot.com/
網　　址　http://www.sinobooks.com.tw
法律顧問　華洋法律事務所 蘇文生律師
印　　製　呈靖彩藝有限公司

三版一刷　西元 2018 年10月
三版五刷　西元 2023 年03月

國家圖書館出版品預行編目(CIP)資料

餐桌上的日本史 / 宮崎正勝著 ; 陳心慧譯. -- 三版. --
新北市 : 遠足文化, 2018.10
面；　公分
ISBN 978-957-8630-73-4（平裝）

1.飲食風俗　2.日本史

538.7831　　107014995